레빅 정서 및 인지 미술치료 평가

Myra F. Levick 저 | 주리애 역

Levick Emotional and Cognitive
Art Therapy Assessment

학지사

역자 서문

마음과 정신을 다루는 직업 분야에서 일하는 사람이라면 누구나 방어에 대해 보다 깊이 이해하고 싶다는 욕심이 있지 않을까요? 이 책은 그런 욕심을 가진 저에게 상당히 매력적으로 다가왔습니다. 처음 LECATA(Levick Emotional and Cognitive Art Therapy Assessment)를 알게 되었을 때에는 그림 과제가 주는 평이한 인상 때문에 다른 그림검사법에 비해 독보적인 가치랄까 하는 그런 것이 없는 듯 보였습니다. 하지만 책을 천천히 읽으면서 채점체계를 만들기 위해 노력했을 미술치료사분들의 노고를 느꼈고 이 그림검사를 더 새롭게 바라볼 수 있었습니다.

LECATA를 만든 Myra F. Levick 박사님은 책에서 자신의 지향을 정신분석적이라고 소개하고 계십니다. 미국 동부에서 미술치료를 공부하셨던 분들은 Naumburg와 Kramer를 비롯한 초기 미술치료사들의 영향으로 정신분석적 입장을 공유하고 계십니다. 그리고 정신분석이론에서 인간을 이해하는 주요 개념 중 방어기제는 핵심적인 개념이라 할 수 있습니다. LECATA의 가장 큰 매력은 경험적으로 평가하기 어려운 '방어'를 그림을 통해 평가하고자 했다는 것입니다. 방어는 자아의 기능이지만 대부분 무의식적 현상이기 때문에 평가하기 어렵습니다. 어쩌면 그래서 그림으로 접근하는 것이 더 의미 있게 보이는지도 모르겠습니다. Levick 박사님은 그림에 나타나는 방어의 식별기준을 제시하고 방어의 위계에 따라서 정서발달의 정도를 평가하고 있습니다.

또한 인지발달의 정도를 평가하기 위해 Piaget의 인지발달이론과 Kellogg, O'Dell의 미술발달이론을 기초로 평가기준을 만들었습니다. 이러한 평가기준을 통해 다각도로 세심하게 접근하려 노력하는 것은 미술치료사라면 누구나 간절히 원하는 '균형 잡힌 시각'을 제공해 줄 것입니다.

개인적으로 번역 작업은 참 오랜만의 일이었습니다. 관심 있는 주제여서 번역은 비교적 빨리 진행되었고, 그런대로 즐거운 시간이었습니다. 가능하면 원저자의 글을 그대로 옮기려 애썼습니다만, 직역할 경우 오히려 의미가 혼란스러울 수 있겠다 싶을 때는 제가 이해하는 선에서 평이한 말로 풀어서 의역했습니다. 필요한 부분은 각주로 다시 소개하고, 용어를 분명히 해야 하는 것은 괄호 안에 영어 원문을 병기했습니다.

책 속에서 Levick 박사님이 한국의 미술치료사들에게도 LECATA를 교육했다는 이야기가 나옵니다. 번역하면서 얼마나 반갑던지요. 모쪼록 우리나라에서 LECATA가 활발하게 사용되는 데 이 책이 작은 밑거름이 되기를 기대해 봅니다.

끝으로, 책의 출간을 흔쾌히 맡아 주신 학지사 김진환 사장님과 세심한 편집으로 애를 쓰신 편집부 유가현 님에게 진심으로 감사를 드립니다.

2018년
역자 주리애

머리말

세상에는 비범한 사람이 있고 특별한 성취도 있는데, Myra F. Levick은 그 두 가지를 모두 보여 줍니다. Levick 박사님은 미국 미술치료협회(American Art Therapy Association)의 초대 회장이었으며 필라델피아의 하네만 대학교(현재는 드렉셀-하네만 대학교)에서 미술치료 대학원 과정을 처음 만들었습니다. 그로부터 40년이 지난 지금도 Levick 박사님은 미술치료 분야에서 여전히 선두 자리를 지키고 있습니다. 이 책은 기존의 연구와 개발된 절차를 적용해서 정신건강과 교육 분야에서 사용되는 종합적이고 통합된 평가도구를 소개합니다. LECATA라고 불리는 'Levick 정서 및 인지 미술치료 평가(Levick Emotional and Cognitive Art Therapy Assessment)'는 그림을 통해 개인의 성격과 지적 발달, 의사소통 기술 및 정서적인 적응력을 평가하는 수단입니다.

역사적으로 그림검사는 심리측정 속성에서 논란의 여지가 있었으며, 일부 임상가는 그림검사가 '검사'라기보다는 임상도구일 뿐이라고 했습니다. 그림 해석은 임상적 판단에 기초하고 있는데, 그 판단은 최소한의 객관성밖에 없는 것으로 여겨졌기 때문입니다. 하지만 투사적 측정은 임상 실제에서 흔히 사용되고 있으며, 숙련된 임상가라면 다른 방법으로 얻을 수 없는 임상 자료를 찾아내곤 합니다. LECATA는 정상적인 인지 및 정서 발달에 초점을 둔다는 점에서 가치가 있습니다. 이 그림검사의 구조는 평가자가 정신병리에 근거하여 평가하기보다는 연령에 적합한 변수를 기준으로 성숙도를 평가하도록 합니다. LECATA는 비언어적으로 개입해야 할 필요가 있거나 대안적인 개입을 필요로 하는 사람에게 사용할 수 있습니다.

이 책은 Levick 박사님이 평생에 걸쳐 연구한 결과물입니다. 박사님이 맺은 수많은 관계, 즉 아이들, 가족들, 교육자들, 상담자들, 미술치료사들, 부모들, 심리학자들, 정신과 의

사들 그리고 박사님의 많은 학생과의 관계가 그분으로 하여금 기술과 이론을 개념화하도록 용기를 북돋아 주었습니다.

제가 개인적으로 LECATA를 경험해 보니 이 책과 저자가 얼마나 소중한지 알게 되었습니다. Levick 박사님과 저의 관계 그리고 LECATA는 제 직업 전반에 걸쳐 영향을 주었습니다. 저는 1974년 하네만 대학교의 미술치료 대학원에서 대학원생으로 Levick 박사님을 처음 알게 되었습니다. Levick 박사님은 하네만 대학교에서 은퇴하시고 몇 년 후 플로리다의 보카레이턴으로 이사했습니다. 그러나 은퇴하셨다고 해서 일을 적게 하시는 것은 아니었습니다. 그분은 꾸준한 속도로 계속 일을 하셨습니다. Levick 박사님은 미국 전역과 해외 여러 나라에서 자문과 교육 단체를 유지하셨습니다.

저는 1978년부터 1999년까지 마이애미-데이드 카운티 공립학교에서 임상미술치료 프로그램의 설립자 겸 책임자로 있었고, 1986년에 Levick 박사님에게 자문했습니다. 그 덕분에 박사님은 3년간 우리 학교 프로그램의 고문으로 계셨습니다. LECATA가 만들어진 것은 미술치료 프로그램이 오래되었고, 학교 장면에서 미술치료 연구 결과와 진전을 입증하기 위한 표준화된 평가 절차가 필요했기 때문이었습니다. Levick 박사님의 이전 연구를 바탕으로 LECATA는 형식적으로 구조화되었습니다.

Levick 박사님은 1982년에 박사학위 논문으로 LECATA의 기초를 개발했습니다. 논문의 제목은 「저항: 자아방어의 발달적 이미지, 아동 그림에 나타나는 적응적 방어기제와 부적응적 방어기제(Resistance: Developmental Image of Ego Defenses, Manifestations of Adaptive and Maladaptive Defenses in Children's Drawings)」였습니다. 같은 해에 Charles C. Thomas 출판사는 『그들은 말할 수 없었고, 그래서 그렸다: 아동의 사고와 대처양식(They could not talk and so they drew: Children's styles of coping and thinking)』이라는 제목의 미술치료 교과서를 출판했습니다. 마이애미-데이드 카운티 공립학교의 임상미술치료 프로그램은 박사님의 책 자료를 이용해서 그 도구를 개발했습니다.

LECATA에 자료를 추가하는 것은 플로리다의 팜비치 카운티 공립학교에서 연구 프로젝트가 시작된 1998년에 최종적으로 완료되었습니다. Levick 박사님은 검사도구를 표준화하기 위해 규준 자료를 수집하고 평가했습니다. 그리고 그 자료와 결과가 이 책에 실렸습니다.

LECATA를 공식화한 이래 Levick 박사님은 사우스플로리다 미술심리치료 학교(South Florida Art Psychotherapy Institute)를 설립하고 발전시켰습니다. 아동발달 및 미술심리치료

계에 대한 그녀의 헌신을 증대할 수 있도록 이 기관에서는 전문적인 미술치료협회와 대학원 교육 프로그램, 병원 및 임상 장면, 학교, 봉사활동을 하는 개인 전문가들에게 LECATA를 교육하고 훈련합니다.

현재 마이애미-데이드 카운티 공립학교의 임상미술치료 프로그램에서는 학생들에게 제공하는 평가도구로 여전히 LECATA를 활용합니다. 마이애미-데이드의 평가법을 통해 이 프로그램은 학생들의 진보를 성공적으로 보여 줄 수 있었습니다. 그것이 바로 Levick 박사님이 1982년 브린모어에서 연구를 시작했을 때 하고자 했던 것입니다. 즉, 그림을 사용해서 개인이 어떻게 기능하고 있는지 이해함으로써 치료를 계획하고 실행하며 진행 상황을 측정할 수 있도록 하는 것입니다.

Levick 박사님은 이 책을 통해 LECATA를 개발하게 된 그분의 개인적 및 전문적 노력을 엿볼 수 있게 해 줍니다. 독자들은 박사님이 예술과 심리학, 정신의학 및 교육 분야에서의 자신의 관심사와 연구를 하나로 묶는 데 많은 노력을 해 왔다는 것을 상기해야 합니다.

서론 다음에 이어지는 네 개의 주요 장이 있습니다.

제1장에서 Levick 박사님은 LECATA 도구의 설계를 제시함으로써 자신의 작업을 설득력 있게 설명합니다. 이 장에 포함된 것은 LECATA의 기본을 구성하는 인지적 및 정서적 이론 구성요소, 각 평가 과제에 대한 설명 그리고 필요한 구체적인 시행 절차들입니다. 이러한 정보는 이 책을 더 깊이 이해할 수 있는 근거가 됩니다. 제2장은 평가 결과를 문서화하기 위한 세부 사항을 다룹니다. 여기에는 채점 체계와 보고서 형식에 대한 정보가 있습니다. 제3장에서는 연구에서 자료를 수집하기 위한 절차를 설명합니다. Levick 박사님은 팜비치 카운티 공립학교에서 LECATA가 어떻게 실시되었는지 소개하면서 유치원생부터 6학년 학생까지 그림검사를 받은 아동들에 대해 자세히 기술합니다. 제4장은 자료 분석을 다룹니다. LECATA가 인지 및 정서 영역에서 연령에 따른 정서적 대처 기술과 학업 성취의 정상적인 발달 수준을 식별하는 데 유용했는지에 관해 논의합니다. 부록에는 LECATA 실시 매뉴얼과 사례 및 보고서 예시가 수록되었습니다. 이 부분은 독자가 검사도구를 전문적으로 사용할 수 있도록 만들어졌습니다.

이 책에 소개된 Levick 박사님의 연구는 의심할 여지 없이 평가와 치료에서 그림을 사용하는 정신건강 전문가와 미술치료사들 간의 대화와 발전에 기여할 것입니다. 이러한 노력 덕분에 Levick 박사님의 업적—박사님은 환자에 대한 장벽을 뛰어넘는 개척적인 노력을 기울였고, 이 분야를 전문화했으며, 정신건강 전문가와 미술치료사들 간에 다리를 놓

았습니다—중 가장 큰 성취가 무엇인지 헤아리기 어려울 정도입니다.

저는 LECATA에 대한 경험으로 많은 정보를 얻었습니다. LECATA는 제가 선택한 평가방법일 뿐 아니라 정신건강 분야에서 선두에 있는 미술심리치료사들이 만든 작업물입니다.

Levick 박사님은 학생들이 애정과 감사를 가지고 기억하는 훌륭한 전문가입니다. 저는 그분을 아는 특권을 가진 사람으로서 그분께 영원히 감사드립니다. 그분의 미술치료 분야에서의 탁월성과 지도력에 필적할 만한 것은 없습니다. Levick 박사님은 최고의 교사이자 스승이며 친구이십니다.

Janet Bush

감사의 글

마이애미-데이드 카운티 공립학교의 임상미술치료 프로그램에서 일했던 아홉 명의 미술치료사는 당시 책임자였던 Janet Bush의 요청으로 그들에게 배정된 아이들을 위한 미술치료 평가법을 개발하기 위해 저와 함께 일하게 되었습니다. 우리는 목표를 달성하는데 1년이면 충분할 것이라 생각했는데, 결국 3년 과정이 되었습니다.

먼저 이 평가법에 대한 공로를 Janet Bush에게 돌리고자 합니다. 그녀는 이 도구를 만들자고 저를 초대했고, 검사 제작에 노력을 기울일 수 있도록 든든한 추진력이 되어 주었습니다. 다른 아홉 명의 미술치료사는 기본 개념과 이론을 부지런히 공부하고, 과제를 위한 아이디어를 제공하며, 이러한 아이디어들을 처음으로 테스트해 보고, 최종적인 LECATA의 토대 작업을 해 주었습니다. Lynn Burchett, 故 Penny Dachinger, Cheryl Earwood, Enid Shayna Garber, Jennifer Lombroia, Donna Testa Ochipa, Linda Jo Pfeiffer, Irene Shaffer, Rebecca S. Taulbee 모두에게 저는 "감사합니다. 그리고 축하합니다."라는 말을 전합니다. 이들의 전문 지식과 인내, 작업이 이 그림검사의 개발에 크게 기여했습니다.

팜비치 카운티 학군의 연구 및 평가 책임자인 Marc Baron 박사에게도 깊은 감사의 말을 전합니다. 그는 제가 표준화 연구를 할 수 있도록 승인해 주었습니다.

저를 학교에서 맞이하고 학생들에게 LECATA를 제공할 수 있는 공간을 내어 준 교장 선생님과 학교 상담사, 교사들에게 감사드립니다. 자녀들이 이 검사를 받을 수 있도록 기꺼이 허락해 주신 학부모님들께도 감사를 드립니다.

Allison Hendricks, Janet Bush, Karen Polin, Craig Siegel의 도움이 없었다면, 저는 이 연구에 포함된 330명의 아이 중 일부를 여전히 검사하고 있을 것입니다. LECATA 매뉴얼의 최종 형식을 만들어 준 Craig Siegel에게 특별한 감사를 드립니다. 이 미술치료사들은 채점 오류를 방지하도록 돕는 채점팀의 일원이기도 했습니다.

SPSS 컴퓨터 프로그램을 사용하여 자료 분석을 했습니다. 저는 수학자가 아니기 때문에 제 손녀 Nicole Cossrow 박사의 도움과 지원 없이는 이것을 활용하고 이해할 수 없었을 것입니다.

마지막으로, 제가 분석할 자료를 프로그램에 집어넣기 위해 모든 점수를 기록하는 것을 여러 시간 동안 도와준 저의 영원한 힘이 되는 남편 Len 그리고 친애하는 친구 Myrna Springel에게 깊은 감사를 드립니다.

차례

■ 역자 서문 • 3
■ 머리말 • 5
■ 감사의 글 • 9
■ 서론 • 13

제1장 **그림검사의 설계** ··· **17**

이론적 구성요소 _ 18

검사 기준을 정의하기 _ 19

초기 연구 _ 24

과제의 설계 _ 26

LECATA 실시하기 _ 28

제2장 **LECATA의 채점** ··· **29**

보고서 양식의 예 _ 33

제3장 **표준화 연구** ·························· **35**

독립적인 전문연구에 대한 제안 _ 36

표준화와 타당도 연구 진행 중 _ 37

연구의 경과 _ 40

제4장 **자료 분석** ·························· **43**

유치원 _ 44

1학년 _ 58

2학년 _ 72

3학년 _ 86

4학년 _ 100

5학년 _ 114

6학년 _ 128

제5장 **요약 및 결론** ·························· **143**

자료 분석의 요약 _ 144

결론 _ 146

■ 참고문헌 • 151

■ 부록: LECATA 시행 매뉴얼 • 159

■ 찾아보기 • 182

서론 ✳

어린 시절에는 예술가였고 이후 예술학교를 졸업한 필자는 미술치료가 미국에서 시작되던 시기에 그 분야에 끌렸다. 미술치료 분야는 더 이상 신생 분야가 아니다. '치료로서의 미술'과 '미술심리치료'의 인정을 증명하는 훌륭한 논문들이 나타났다.

미술치료사이자 미술치료 교육자로서 필자 자신의 성장과 발전에 관하여 다른 문헌을 통해 밝히긴 했지만(Levick, 1989, 1994, 2006), 여기서의 초점은 필자가 미술치료에 처음 끌렸던 느낌을 지속적으로 강화하고, 이 분야가 믿을 만한 것이 되도록 헌신하는 데에 있다.

처음에는 예술가로서 그다음에는 미술치료사로서 필자는 이미지의 힘이라는 것을 참가자로서, 촉진자로서, 또 관찰자로서 경험했다. 이 힘의 신뢰성을 전하기 위해 필자는 새로운 언어를 배워야 했다. 또한 필자는 그림 이미지의 비언어적 메시지를 지시적이고 과학적인 문장으로 변환하는 법을 배워야만 했다. 아동 및 성인 환자의 그림에 나타난 발달지연 또는 정신병리를 인식하는 것은 대개 직관적인 것이었는데, 이것을 문서로 남기는 것은 하나의 도전이 되었다. 다른 동료들과 마찬가지로 필자도 진단평가법의 필요성을 느끼게 되었다. 수많은 미술치료사가 이 분야에서 노력하고 성취한 것을 요약한 뛰어난 책이 두 권(Feder & Feder, 1998; Brooke, 2004) 있지만, 관련된 부분들에 대해서만 논의할 것이다.

필자에게는 미술치료사를 교육하는 것이 가장 중요하고 개인적인 교육 경험이었다. 가르치기 위해서는 필자가 먼저 배울 필요가 있었다. 필자는 정신분석적 환경에서 훈련을 받았기 때문에 방어기제를 이해하는 방향으로 이끌려 갔고, 이 주제에 대해 Sigmund Freud와 Anna Freud의 업적을 배우고 가르치게 되었다(S. Freud, 1959; A. Freud, 1966).

Halsey(1977)는 예술 작품에 대한 S. Freud의 견해에 대해 논의한다. 그가 저술하기를, S. Freud는 "평범하고 속되며 신경증적인 인간 존재를 조사하면서 발견했던 것들을 확인하고자 하는 의도로 예술가에 대한 심리학적 통찰에 접근했다는 것을 노골적으로 인정했다."(p. 99) Halsey는 S. Freud가 "예술을 이해하는 데 끼친 최고의 영향은 창조와 동화 모두에서 나타나는 역동적인 심리적 요인을 인식하지 않고는 예술작품을 이해할 수 없다는 것을 우리에게 확신시킨 것"이라고 믿었다(p. 101). 이러한 견해가 필자에게 탁월해 보이기도 했지만, Halsey(1977)가 지적했듯이 S. Freud는 미술의 가치를 충분히 추구하지 않았다는 것도 분명해졌다. Freud는 원래 과학자였기 때문에 미술작품을 제작하는 것은 Freud의 과학적 목표에 적합하지 못했다. Halsey에 따르면, 예술가(셰익스피어, 괴테, 다빈치, 도스토옙스키)에 관한 중요한 전기 연구를 하려는 그의 진정한 동기는 "우리의 가장 중요한 문화적 업적이 무의식에 단단히 뿌리를 내리고 있음을 입증하려는 시도였다."(p. 99) 그리고 현실을 부인하는 미술과 같은 "착시는 인간이 고통과 불행을 다루는 가장 받아들일 수 있는 수단 중 하나를 제공했다."(p. 101) "다른 이론적 관점을 지닌 사람들이라 할지라도, S. Freud의 예술에 대한 관점이 그의 딸인 A. Freud에게 영향을 미쳐서 예술에 대한 다른 무의식적 대처기제로 이론을 확장하도록 했다는 점을 인정해야 한다." 그녀의 책 『자아와 방어기제(Ego and Mechanisms of Defense)』(1966)는 발달위계상에서 방어가 무의식적 수준에서 어떻게 획득되고 시행되어 기능을 촉진하는지 또는 실패하여 역기능적으로 되는지를 다루는 최초의 기준 틀이 되었다. 이러한 관점에서 볼 때 필자에게 미술 작업이란 이러한 현상을 탐구하는 논리적인 분야가 되었고, 환자의 미술작품을 바라보는 것은 그들의 방어를 규명하기 위한 저항할 수 없는 초대가 되었다.

  필자와 동료들은 미술 표현을 더 많이 탐색할수록 이러한 방어가 정서적 기능 수준을 보여 준다는—A. Freud(1966)가 제공한 발달 자료에 따라—것을 더 많이 알게 되었다. 이것은 물론 치료 목표를 수립하기 위한 길라잡이의 중요한 신호가 되었다. 그러나 결코 과학적인 의사소통이 아니었다. 이후 우리의 지식이 늘어나면서 A. Freud의 이론을 예증할 수 있는 책의 핵심도 성장하게 되었다.

  동시에 필자는 일반적으로 병리를 나타내는 역기능적 행동에만 초점을 맞추는 것이 효능이 있는가 하는 생각이 점차 들었다. 그리고 얼마 지나지 않아 필요한 것이 명백해졌는데, 바로 정상적 발달에 대한 교육적 요소였다. 펜실베이니아주 필라델피아의 (구)하네만병원과 의과대학(Hahnemann Hospital and Medical College)에서 창조적 예술치료 대학원 교육 프로그램에 Piaget 이론에 기반을 둔 지적인 발달과정이 추가되었다.

1970년대 후반에 여러 상황이 모여서 마침내 그림에 나타난 자아방어기제에 대한 증대된 지식을 문서화하기 시작했다. 하네만 병원과 의과대학 및 영국의 프로이트 햄스테드 클리닉(Freud's Hampstead Clinic)과의 제휴를 통해 필자는 앞에 언급한 Freud의 책(1966)을 예증할 기회를 얻었다. 허가는 쉽게 받았지만, 조건과 약속이 수반되었다. 조건은 필자가 박사과정을 밟는 동안 이 작업을 박사논문으로 쓰라는 것이었고, 약속은 다가오는 6주간의 안식휴가 동안 A. Freud 여사의 클리닉에서 그녀와 함께 일하고 거기서 필자의 책을 쓰기 위한 그림들을 모으라는 것이었다. 필자는 그 조건과 약속을 모두 지켰고, 필자의 논문「저항: 방어의 발달적 이미지, 아동 그림에 나타난 적응적·부적응적 방어」(1983)는 이후 필자의 책『그들은 말할 수 없었고, 그래서 그렸다: 아동의 사고와 대처양식』(1983)이 되었다. 필자의 의도는 방어기제의 정의와 정상 및 비정상 아동/성인이 그린 그림 이미지에서 이러한 방어기제를 규명하는 필자의 기준을 서로 연결하는 것이었다. 브린모어 대학의 아동발달 및 교육 담당과장인 Ethel Maw 여사는 필자에게 지적 발달의 징후를 포함시키라고 제안해 주었는데, 이에 대해 감사드린다. 이 책은 Charles C. Thomas 출판사에서 출간되었고, 곧 미술치료 학생들과 전국의 미술치료사들을 위한 교과서가 되었다. 학생들과 동료들은 그림에서 방어를 인식하기 위해 필자가 만든 기준을 사용하기 시작했고, 그들이 만나는 환자들과의 작업에서 사용했으며, 누적된 자료가 우리에게 전파되었다.

1986년, 하네만 미술치료 프로그램을 졸업하고 마이애미-데이드 카운티 학군의 임상 미술치료 프로그램 책임자로 부임한 Janet Bush는 필자를 초대해서 거기에서 일하는 아홉 명의 미술치료사와 만나도록 주선했다. 그녀의 목표는 앞에서 언급한 필자의 책을 토대로 미술치료 평가법을 개발하는 것이었다. 이 작업에 대해 그녀가 동기를 가지고 헌신하게 된 것은 그녀가 담당하는 아홉 명의 미술치료사가 적어도 다섯 개의 서로 다른 평가법을 사용해서 진단과 치료 계획, 특수교육이 필요한 아동들의 경과 등에 대해 의사소통하고 있었기 때문이다. 그녀의 목표는 미술치료사 간의 의사소통 괴리를 줄이고 또한 미술치료사와 학교 직원 간의 의사소통 괴리를 줄이는 데 도움이 될 하나의 평가법을 만드는 것이었다.

필자는 이들과 3년 동안 함께 일하면서 필자가 배웠던 것을 가르쳤고, 지금 함께 배우고자 하는 것이 무엇인지에 대해 설명했다. 1989년에 우리는 서로 무슨 말을 하는지 잘 이해하게 되었을 뿐 아니라 평가법을 사용할 준비가 되었다. 이들의 근면함과 건설적인 비판, 인내와 시험을 이 작업을 하는 동안 충분히 느낄 수 있었다.

레빅 정서 및 인지 미술치료 평가(LECATA)를 만들기 위한 기초는 정상적인 정서 및 인지 발달 간의 관계다. 이 평가법의 저작권은 1989년에 필자에게 부여되었고, 특수교육이 필요한 아동을 위한 마이애미-데이드 공립학교 프로그램의 중요한 부분이 되었다. 수년 동안 Janet Bush와 필자 그리고 마이애미-데이드 학군의 미술치료사인 Craig Siegel은 계속해서 이 검사도구를 사용하는 데 관심이 있는 전문가를 대상으로 성인과 아동의 다양한 정서적·인지적 장애를 식별할 수 있도록 교육 세미나 및 슈퍼비전을 진행했다.

LECATA는 1998년과 2001년에 두 번 개정되었으며, 표준화 연구의 발전을 보증하기에 충분한 긍정적인 피드백이 있다고 믿는다. 필자는 이 연구를 설계했고, 마이애미-데이드 지역에서 만날 수 있는 대상군보다 다양한 대상군이 있는 팜비치 카운티 학군에서 연구를 실시할 수 있는 승인을 받았다. 그 지역에 있는 학교 교장과 상담사들에 의해 정상 아동으로 선정된 330명의 아동에게 검사를 실시했는데, 유치원생부터 6학년 학생까지 있었다. 정상 아동 선별기준은 이들이 약물치료를 받지 않고 정서적 장애나 인지적 장애 진단을 받지 않은 경우였다. 검사는 2003년 봄에, 자료 분석은 2006년에 완료되었다.

LECATA는 $2\frac{1}{2}$~11+세까지의 아동에게 검사하도록 고안된 것이지만, 공립학교 시스템에서는 나이가 어린 대상자들(유치원 및 어린이집 유아들)을 만나기가 쉽지 않다는 점에 유의해야 한다.

이 책에서는 LECATA의 개발, 표준화 연구와 자료 분석 등을 기술하고 논의할 것이다. 각 과제에 대한 예시와 각 학년의 과제 체크리스트도 포함했다.

사례와 샘플 보고서를 포함한 LECATA 시행 매뉴얼을 부록에 실었다.

제1장

그림검사의 설계

이론적 구성요소

검사 기준을 정의하기

초기 연구

과제의 설계

LECATA 실시하기

이론적 구성요소

　필자는 새로운 미술치료 평가법을 개발하면서 필자의 연구(Levick, 1983)에 기초를 두는 것이 가장 적절하다고 보았다. 이러한 검사를 만들기 위해 수년간 정서발달 및 인지발달 관점에서 그림을 바라보았던 경험과 문헌조사가 그 토대가 되었다. Kellogg(1969, 1970)는 연령과 성숙도에 따라 아동의 그림이 어떻게 달라지는지를 보고했다. Hardiman 과 Zernich(1980)는 Piaget의 인지이론과 아동 그림에서 나타나는 미술발달 사이의 관계를 기술했다. Lowenfeld(1969)는 발달 위계에 나타난 창조성의 본질을 관찰했다. Koppitz(1968)는 그녀의 인물화 검사 및 Goodenough(1926)와 Machover(1949, 1952, 1960)의 초기 연구에 근거해서 아동의 그림에 나타나는 정서지표를 규명했는데, 이는 증상과 행동에 관련된 것들이었다.

　진단도구로서 투사법의 신뢰도와 타당도에 대한 장단점(Hammer, 1978)은 차치하고서라도, 그림검사의 근간으로 삼을 수 있는 정신분석이론이나 특히 자아방어기제에 관한 문헌은 거의 없었다. Hammer(1978)는 다음과 같이 말한다.

> 　투사적 그림해석은 다음과 같은 초석에 놓여 있다. (a) 상징의 의미에 대해 일반적으로 사용하는 것과 정신분석적 이해로 사용하는 것으로 이는 꿈과 예술, 신화, 공상 및 그 밖에 무의식의 영향을 받은 활동에 대해 임상가가 연구한 것으로부터 파생된다. (b) 전위(displacement)와 대리형성(substitution)기제뿐만 아니라 광범위한 병리학적 현상, 특히 전환 증상, 강박 증상, 공포증, 정신병 상태 등에 대한 임상적 경험이 상징주의 개념의 틀 안에서 이해되는 것이다(p. 22).

　Hammer는 그 밖에 환자가 자신의 미술작품에 대해 연상한 것과 경험적 증거도 중요하다고 보았다(p. 22). 정신분석이론 및 자아방어기제에 기반을 둔 미술치료 평가법에 대한 더 자세한 정보는 Hammer(1978), Feder & Feder(1998), Brooke(2004), Oster & Crone(2004)의 문헌에서 찾아볼 수 있다.

　필자는 교육 현장에 있었던 몇 년 동안 명백하게 나타난 것을 반드시 기록해야 한다는 생각이 들었다. 자아방어기제를 명백히 보여 주는 지표들이 있었는데, 이 지표들은 문제가 있는 아동과 성인의 그림에서 적응 및 부적응을 나타냈다. 동시에 이러한 방어 이미지는 A. Freud(1966)가 설명한 방어기제의 위계 수준과 연결해서 식별할 수 있다는 점이 분명해졌다. 최근에야 이러한 초기 이론을 뒷받침하는 문헌이 해당 분야에서 재등장하기 시작했다. Cramer(2000)는 심리적 발달 영역에 대한 관심에 기복이 있는 것에 대해 논의한다. 그녀는 방어 개념의 시작부터 현재의 관점에 이르기까지 길고도 섬세한 역사를 개관한다. Cramer에 따르면 자아방어기제라는 이론적 구성 개념은 적응과 대처 과정에서 필요한 것으로 인정되고 받아들여졌다. 또한 그녀는 방어의 명칭 일부를 수정하는 것에 관한 연구들에 대해 보고했고, DSM-IV(1994)에 방어기능척도(Defense Functioning Scale)가 포함되어 있다고 언급했다.

검사 기준을 정의하기

그림에서 방어가 나타난다는 것을 기록하기 위해서는 먼저 각 방어를 식별하는 기준을 정의해야 한다. 이 과정을 단순화하기 위해 필자는 A. Freud(1966)가 처음 제시한 19개의 방어만 선택했다. 〈표 1-1〉(Levick, 1983)에는 방어의 정의(달리 언급이 없으면 Moore & Fine, 1968에서 인용)를 제시했고, 필자가 그림에서 방어를 식별하기 위해 만든 기준도 제시했다.

〈표 1-1〉 그림 표현에 나타난 방어를 식별하는 정의 및 기준

방어	정의	기준
합일화 (incorporation)	내사의 한 유형이며 동일시 과정의 초기 기제다. 이것이 내포하는 바는 대상(사람)을 상상으로 먹어치움으로써 변화하는 것이다. 이 방어는 대개 정신증이 있는 개인이나 충동장애가 있는 개인, 구순기 성격장애 및 심각한 퇴행 상태의 개인에게서 사용된다.	상징, 형태, 대상이 다른 형태 안에 싸여 있다. 주로 퇴행을 나타내는 그림 이미지에서 보이며 일반적으로 퇴행과 다르지 않다.

투사 (projection)	고통스러운 충동이나 생각의 원천이 외부 세계에 존재하는 것으로 지각한다.	자기의 일부가 종이에 그린 선과 형태에 표현되는 초기 난화에 나타나거나, 어떤 대상을 상징적으로 표현한 것 혹은 외부 세계를 표현한 것에 나타난다. 보다 세련된 그림에서는 어떤 특징으로 나타나며 그린 사람의 생각이나 느낌이 자신보다는 형태나 대상 때문이라고 귀인된다.
퇴행 (regression)	성숙의 특정한 면과 관련되어 불안과 직면했을 때 개인이 사용하는 방어다. 심리성적 발달 혹은 행동에 나타난 인지기능에서 이전 단계로 되돌아가는 것이다.	심리성적·인지적·미술적 발달을 연령에 적합하게 그리고 그 옆에 더 낮은 연령의 표현을 그린 그림에 반영된다.
취소 (undoing)	수용하기 어려운 공격적·성적 소망이 표현되었을 때 자아가 사용하는 방어로 상징적으로 되돌리거나 혹은 하지 않은 것으로 하는 것이다.	그린 사람이 대상이나 형태, 생각을 표현했던 것을 되돌리거나 과감하게 바꾸거나 혹은 지워 버릴 때 그림에 드러난다.
역전 (reversal)	수용하기 어려운 감정, 태도, 특징 등을 그 반대되는 것으로 변경하는 방어다.	대상에 관계된 사실, 상황, 느낌, 환경에 있는 사람들 등이 '역전된' 형태로 그림에 나타난다.
부인 (denial)	어떤 고통스러운 현실을 깨닫지 않기 위해 자아가 사용하는 원시적인 방어다. 또한 공상을 사용해서 원치 않는 현실 부분을 마음에서 지우는 데 쓴다.	그림을 그리는 사람이 더 적합하게 표현할 수 있음에도 환경 내의 대상이나 사람에게 신체 일부가 없거나 사실적인 면이 없다.
회피 (avoidance)	정상적인 발달에서 보이는 원시적이고 자연스러운 방어다. 자기애적인 굴욕이 의식적 자각에 이르지 않도록 하고자 하는 무의식 소망에서 사용한다. 대개 성적이고 공격적인 충동을 회피하는 기능의 대상으로 삼는다(Eidelberg, 1968).	환경 속의 인물이나 대상의 측면이나 뒷면을 그리는 것으로 그림에 나타난다.
모방 (imitation)	동일시 과정에서 합일화보다 덜 원시적인 방어다. 이는 의식적 과정이다(A. Freud, 1965).	모든 구상적인 이미지는 환경 속의 인물과 대상의 모방이다.
상징화 (symbolism)	상징은 자아가 수용할 수 없는 것들을 위장하는 방식(언어)을 제공한다.	특정 대상 및 생각에 대한 주관적인 그림 표현을 통해 드러난다.

격리 (isolation)	원래는 연합되어 있던 감정이 생각으로부터 분할(split)되는 과정이다. 죄책감을 피하기 위해 사용되며, 정신이 흐트러지거나 오염되지 않고 논리적인 일련의 사고를 거친다.	화면에 단독으로 그려진 대상을 통해 드러난다. 화면에서 다른 형태와 부적절할 정도로 연결되어 있지 않으며, 자리를 잡고 있지 않다. 환경에서 분리되어 있다.
정서격리 (isolation of affect)	위와 동일한 과정이다.	그림 이미지로 구체적으로 표현되는데 특정 형태나 대상을 묘사하는 데서 색깔(이는 감정의 표현이다)이 비일관적으로 변덕스럽게 사용되거나 혹은 생략되었다.
동일시 (identification)	자아의 무의식적 과정으로 개인은 다른 사람의 하나 혹은 그 이상의 특징을 받아들이고 그 사람처럼 된다. 대개 사랑하거나 존경하는 사람이다.	인물 묘사가 그린 사람의 어떤 면을 반영하면서 환경 내에서 현실적이거나 공상적인 다른 대상의 어떤 면을 반영한다.
공격자와의 동일시 (identification with the aggressor)	동일시에 이르는 것과 동일한 과정에 공상이 더해졌다. 이것은 희생자 역할이 역전되게 하며 환경에 있는 진짜(혹은 지각된) 공격자와 동일시하도록 한다(A. Freud, 1966).	인물 묘사가 그린 사람의 어떤 면을 반영하면서 환경 내에서 공격자로 지각되는 대상의 어떤 면을 반영한다.
억압 (repression)	자아가 의식적으로 경험할 수 있었을 생각이나 감정을 인식하지 못하거나 의식에 닿지 못하게 하는 과정이다.	6~7세 이상 아동이 그린 인물 묘사에 성적 특징이 생략된 경우 그 인물의 이미지에 내재해 있다. 수용할 수 없는 생각이나 감정으로 알려진 것을 변형하거나 생략한 그림에서도 관찰된다.
전위 (displacement)	어떤 대상(사람)에 대한 억압된 감정을 원래 대상을 대체하는 다른 사람에게서 경험하는 과정이다.	그린 사람이 알고 있거나 지각한 바, 한 대상에 대한 생각과 감정을 다른 대상과의 관계로 그릴 때 그림에 나타난다.
반동형성 (reaction formation)	이것은 수용할 수 없는 생각이나 감정을 억압하고, 그 반대가 되는 것으로 의식에서 대체하는 과정이다.	(억압된) 부정적이고 혹은 고통스러운 생각과 감정의 원천이라 알려졌던 대상/상황을 긍정적이고 수용할 수 있는 생각과 감정을 반영하는 이미지로 그렸을 때 그림에 나타난다.
합리화 (rationalization)	개인이 참을 수 없는 감정과 행동, 동기를 그럴듯한 방법을 사용해서 참을 만한 방식으로 정당화하는 무의식적 과정이다.	환경 내의 특정 상황이나 사람과 관련해서 수용할 수 없는 생각·감정에 대한 논리적인 해결책의 초기 시도를 반영한 이미지에서 나타난다.

내사 (introjection)	동일시 과정에서 사용되며, 아동이 보호자(부모)의 요구를 수행하면서 부모가 없을 때조차 그 요구가 마치 자신의 것인 것처럼 수행하는 것이다.	동일시 및 동일시하는 사람의 가치를 반영하는 그림 이미지에 표현한 것으로 본다.
주지화 (intellectuali- zation)	자아가 지적인 활동으로 본능적 추동(instinctual drives)을 속박하는 과정이다.	수용할 수 없는 생각/감정에 대한 논리적 해결이며, 합리화가 나타난 경우보다 더 정교하고 세련되게 표현된다.

'정의'에 대한 참고문헌: Moore & Fine(1968). The Glossary of Psychoanalytic terms and concepts
'기준'에 대한 참고문헌: Levick(1983).

아동의 그림에서 볼 수 있는 정상적인 정서발달과 인지발달 간의 관계에 대한 필자의 초점을 더 자세히 설명하기 위해 〈표 1-2〉를 만들었다(Levick, 1983).

〈표 1-2〉 인지적 · 미술적 · 심리성적 발달 순서와 해당 발달 시기에 적합한 자아방어기제 간의 상관관계

• $2\frac{1}{2}$~5세 연령

인지적	미술적	심리성적	방어
〈초기 전조작기〉	〈무작위 난화에서 형태로 진행되는 시기〉	〈항문기에서 오이디푸스기〉	〈초기 항문기〉 ($2\frac{1}{2}$~3세)
-생각이 중심이 됨			-퇴행
	-도형이 결합됨	-이슈:	-합일화
-한 번에 어떤 것의 한 면만 주목함		자기주장	-역전
	-형태가 균형이 잡힘	통제	-취소
-사고는 표상적		신체 기능의 조절	-부인
	-공간 조직화의 시작		
-상징화가 나타남	-알아볼 수 있는 대상이 출현함		〈후기 항문기〉 (3~$4\frac{1}{2}$세)
-자기와 타인 간의 구분 이 나타남			-회피
			-투사
			-상징화
-사고에 물활론(animism), 사실주의(realism), 인 공론(artificialism) 등 이 여전히 존재함			〈오이디푸스기〉 ($3\frac{1}{2}$~5세) -모방

• 5~7세 연령

인지적	미술적	심리성적	방어
-물활론, 사실주의, 인공론 등이 마술적 사고의 형태로 나타나기도 함 -논리적 일관성이 발달하기 시작함 -분류 및 보존 개념을 이해하는 능력이 발달하기 시작함 -어떤 것의 두 가지 이상의 면을 동시에 주목할 수 있음	-발달순서 안에서 양의 차이가 가장 큰 시기 -발달순서 간에 질적 차이가 가장 큰 시기 -이미지는 단일한 측면에서 하나의 대상으로 바뀌고, 하나의 형태에서 전체 그림으로 바뀌어 감 -여러 대상이 한 장의 그림 속에서 관련되어 있음 -그림 이미지가 이야기를 들려주기 시작함	〈오이디푸스 후기〉 -주된 과제는 오이디푸스 갈등을 해소하는 것과 동일시 과정 -동일 성별의 부모에게 긍정적인 동일시 -반대 성별의 부모에게 부정적인 동일시	-동일시 -반동형성 -격리 -정서격리 -전위 -단순한 합리화 -초기 방어도 적절하게 사용할 수 있음 ※참고: 방어는 5~7세 사이에 어떤 순서로든 발달할 수 있음

• 7~11+세 연령

인지적	미술적	심리성적	방어
〈구체적 조작기〉 -자기중심성과 불가역성에서 벗어나서 사고함 -인지적 가역성이 나타남 -더 고등한 평형단계가 나타남 -과정의 시작부터 끝까지 추론할 수 있음	〈친숙한 대상을 사실적으로 표현하는 시기〉 -관계를 더욱 질서정연한 방식으로 그림 -상승된 기준선과 바닥선이 나타남 -수평선 -인물상이 정적인 것에서 동적인 것으로 바뀜 -인물과 대상에 대해 정면 및 측면이 더 많이 나타남 -집과 사람을 보다 비율에 맞게 그림	〈잠복기〉 -유아적인 과거가 끝남 -부모의 태도와 가치가 내면화됨 -아동의 관심이 주로 학습과 동료 관계로 쏠림 -교사, 영화, TV 스타 및 스포츠 영웅에게서 새로운 역할 모델을 발견함	-억압 -반동형성 -단순한 합리화 -내사 -부인 -동일시 -공격자와의 동일시* -주지화 * 이 방어는 어느 연령에서든 나타날 수 있음 ※참고: 초기 방어도 적절하게 사용할 수 있음. 방어는 7~11+세 사이에 어떤 순서로든 발달할 수 있음

'기준'에 대한 참고문헌: Levick(1983, 1992).

인지적 기준은 Piaget의 인지발달 단계(Rosen, 1977)에 근거하고, 예술적 기준은 주로 Kellogg와 O'Dell(1967)의 이론에 근거했다. 심리성적 발달의 순서는 S. Freud의 이론 (Strachey 번역본, 1969)에 기반을 두었고, 자아방어기제의 위계적 척도는 A. Freud(1966)가 정의한 바에 따라 열거되었다.

참고문헌에 따르면 일반적으로 아동은 적어도 18개월 전에는 난화(scribble)를 시작하지 못하며, $2\frac{1}{2}$~3세가 될 때까지는 알아볼 수 있는 이미지를 그리지 못한다(Kellogg, 1967). 방어는 유아기 초기부터 기술되지만, 아동이 그림을 그리기 전까지는 그림 이미지로 방어를 식별할 수가 없다는 것은 분명하다.

그러므로 〈표 1-2〉는 전조작기 초기부터 시작하며, 무작위 난화에서 형태로 진행되는 시기 그리고 항문기에서 오이디푸스기로 진행되는 시기와 유사하다. 이 분야의 연구자들은 정상적인 아동이 11세쯤 되면 대개 구체적 조작기를 거치며 친숙한 물건을 사실적으로 표현할 수 있고, 오이디푸스 후기부터 잠복기를 거쳐 전청소년기로 진입한다고 본다. 그리고 11세 정도가 되면 청소년기와 성인기로 가기 위한 인지기술 및 자아방어기제를 획득하게 된다. 여기에서 가설은 $2\frac{1}{2}$세부터 11세 이상까지의 아동이 그리는 그림 속 이미지에 나타난 발달지표를 식별함으로써 아동 및 성인의 인지기능과 정서기능의 발달수준을 평가하는 검사를 만들 수 있다는 것이다.

초기 연구

필자는 박사논문의 일부분으로 작은 연구 두 개를 수행했다.

첫 번째는 채점자 반응 연구인데, 필자와 다른 연구자들의 반응이 서로 얼마만큼 상관관계를 보이는지 상관 통계검사를 사용해서 살펴보았다. 채점자들은 둘 다 하네만 대학교 미술치료 프로그램 졸업생이었으며, 그중 한 명은 햄스테드 클리닉에서 인턴으로 일했다. 그들에게는 피검자[1]의 나이와 성별만 제공되었다. 두 번째는 타당도 연구로 필자는 세 명의 정신과 의사와 한 명의 심리학자가 제출한 19개의 그림에서 방어를 확인했다. 얻은 자료에 대해 상관 분석 및 카이스퀘어(Chi Square) 검증을 실시하였고, 필자의 반응

---

1) 역자 주: 검사를 받는 사람을 '피검자'라고 부른다.

은 그들이 임상 회기에서 관찰했던 방어와 상관관계가 있었다. 두 연구 모두에서 우연 수준의 상관관계보다 부분적으로 더 유의미한 결론을 도출했다(Levick, 1983). 수년에 걸쳐 Luisebrink(1991)와 Talwar(1992)가 두 개의 다른 예비 연구를 수행했다.

　Luisebrink의 연구는 그림에 나타난 자아방어기제를 식별하는 필자의 기준에 근거해서 '다양한 방어기제의 45개 슬라이드'를 검토한 것이다. 그 슬라이드는 9개의 사례 연구에서 나온 것이며, 7~16세 입원 환아와 임상군으로 이루어진 남아 7명과 여아 2명에 대한 것이었다. 카파 통계(3방향)를 사용했을 때, 우연 수준의 동의보다 훨씬 유의미한 결과($p<0.001$)를 얻었다. 3명의 평가자가 격리, 상징화, 퇴행, 공격자와의 동일시, 부인 그리고 회피의 방어기제가 나타났다고 동의했다.

　반동형성, 취소, 투사 그리고 동일시 등의 방어기제에 대해서는 세 명의 평가자가 평가한 것 간의 합치도가 좀 더 낮은 수준의 유의도($p<0.05$)에서 유의미하게 나타났다. 평가자들 간의 합의가 유의미하지 않았던 방어는 합리화, 억압, 전위, 역전 그리고 정서격리다. 연구가설은 부분적으로 지지되었고, 토론 결과 몇몇 방어에 대해서는 더 많은 훈련과 사례 자료 및 연관된 것들이 더 필요하다는 결론이 났다.

　Talwar의 연구(1992)는 에드워즈빌 소재 노던일리노이 대학교(Northern Illinois University of Edwardsville)의 미술치료학과에 석사논문으로 제출된 것이다. 31명의 피검자는 9~12세 아동이며, 모두 인도의 찬디가르에 위치한 아이벡(Ivek) 학교에서 얻었고, 20명의 남아와 11명의 여아를 포함했다.

　아동들은 인물화 검사와 LECATA 검사를 받았다.

　연구 결과, 인지적 정신연령에서 유의미한($p<.001$) 정적 상관관계($r=.60$)를 보였다. 정서적 정신연령에서도 유의미한($p<.001$) 상관관계($r=.54$)가 나타났고, 정신연령에 대해서도 유의미한($p<.001$) 상관관계($r=.59$)가 나타났다. 생활연령과 정신연령이 유의미한 상관관계를 보이지 않았지만, 두 검사(인물화와 LECATA) 간에는 유의미한 정적 상관관계가 있었다($r=.23$). 그녀는 또한 LECATA로 문화 간 비교연구도 수행했다. T-검증을 이용한 결과, .01 수준에서 집단 간 평균이 동일하지 않다는 것이 밝혀졌다.

　Talwar는 자신의 연구를 통해 이 그림검사가 발달 적응 및 부적응 지표를 식별하는 데 유용하다는 것을 입증했다고 결론 내렸다. 필자가 아는 한, 이 책에 소개한 것보다 더 이전에 LECATA를 사용한 통계적 연구는 없다.

과제의 설계

앞서 소개한 두 개의 표를 준비하고 필자는 마이애미-데이드 카운티 학군에서 근무하는 9명의 미술치료사를 만났다. 필자는 평가에서 고려할 점이나 평가 과제에 대해 우리가 바로 작업할 수 있을 것이라고 예상했다. 그런데 9명의 미술치료사 중 소수만이 자아방어기제에 대한 지식을 가지고 있음을 알고는 당황스러웠다. 그다음 몇 달은 Freud의 저서로 가르치고, Sandler와 A. Freud(1985)의 최근 연구로 보완하면서 보냈다. 그림에서 방어를 식별하기 위한 기준을 소개했고, 이들 미술치료사가 만나는 내담자들이 그린 그림과 그 밖의 다른 집단이 그린 작품 슬라이드를 평가했다. 이 사람들이 기준에 대해 충분히 잘 알게 되었을 때, 우리는 〈표 1-2〉로 넘어갔다. 모든 사람은 Piaget와 Kellogg의 개념에 익숙했으며 이러한 개요는 Lowenfeld(1963), Golumb(1974), Erickson(1950)의 이론으로 더욱 명료화되었다.

우리는 평가를 구성할 과제를 만들 준비가 되었다는 데에 동의했다. 무엇보다 필자의 의도는 (말하자면) 쓸데없이 시간을 낭비하지 않는 것이었다. 기존의 미술치료사들이 만든 그림과제들은 비록 통계적으로 검증되지는 않았지만 특정 정보를 밝히는 데 경험적으로 활용되는 것들이었다. Koppitz(1968)는 평가에서 단 한 장의 그림에 집중했다. 필자는 Kwiatkowska(1978)가 만든 가족미술치료평가에 감명했다. 그녀의 검사 구성은 여섯 가지 그림과제로 이루어져 있으며 풍부한 정보를 제공한다. 여섯 가지 과제는 자유화, 가족화, 추상적 가족화, 난화로 시작한 그림, 협동 가족난화 그리고 자유화다. Kwaitkowska(1978)는 또한 자신의 평가법에 대해 연구를 수행했고, 구조화된 환경에서 그린 자발적 그림을 통계적으로 평가할 수 있다는 것을 문서로 남겼다. 하지만 그녀의 채점방식은 매우 복잡하고 시간이 많이 걸린다. 우리의 목표는 더 간단하고 시간 효율적인 자료수집과 기록이다. 앞의 두 표를 토대로 만들어진 평가법은 향후 'LECATA'로 알려질 것이다.

우리는 Kwiatkowska의 가족미술치료평가를 검토하는 것부터 시작했다. 첫 번째 과제인 자유화는 자유롭다는 느낌을 주기 위한 것이며 논리적인 시작으로서 채택되었다. 그림 이미지에 대해 이야기해 달라는 요청을 추가했다. 이 과제는 또한 검사를 받는 사람이 가장 자주 사용하는 방어를 식별하는 기준이 된다. 가족화도 필수적인 것으로 여겨졌지만 두 번째 과제로 채택하지는 않았다. 자화상이 두 번째 그림으로 선택되었고, 지시는 "자신의 현재 나이로 자기 모습 전체를 그려 주세요."다.

Kwiatkowska에게 추상적 가족화는 인지적 지표다. 발달적 관점에서 그 그림을 보는 것은 여러 가지 인지적 지표를 제공하지만, 이 과제는 유용하다고 생각되지 않았다. 그러나 난화를 그리고 난화로부터 그림을 완성하는 것은 원래 Naumburg(1947)가 처음 기술했는데, 많은 사람이 효과적이라고 보았다. 이것이 세 번째와 네 번째 과제가 되었다. 난화에서 무언가를 만들어 내는 것은 또한 개인이 얼마만큼 인지적 추상화를 할 수 있는지를 보여 줄 수 있다. Piaget의 이론은 추상화가 인지기능의 상위수준이며 일반적으로 11세 전후의 형식적 조작기에 나타난다고 한다.

앞서 언급했듯이, 우리는 가족화가 필수적이며 마지막 작업이 될 것이라고 동의했다. 지금까지 선택된 과제들은 발달지표를 찾는 방향을 제시하는 데 매우 만족스럽게 보였다. '내사(introjections)'라는 것만 제외하고 말이다. 이 방어는 부모가 옆에 없을 때에도 보호자(부모)의 요구를 마치 자신의 것처럼 수행하기 시작함에 따라 동일시 과정에서 매우 중요하다. 필자가 만든 기준은 그림 그리는 사람이 동일시하는 사람의 가치를 가정하며, 또한 그림 그리는 사람은 그 가치를 내면화하는 과정에 있다는 것을 가정한다. 오랜 토론 끝에 다섯 번째 과제는 중요한 장소를 그리게 하는 것이 되었고, 왜 그 장소가 선택되었는지 이유를 설명해 달라는 것으로 결정되었다. 예비 테스트에서 필자는 5세 미만의 아동들이 '중요하다'라는 단어가 무슨 뜻인지 잘 모른다는 것을 알았다. 그래서 3~5세 사이의 아동에게는 "네가 있고 싶은 곳을 그려라."라고 하고, 5세 이상 아동에게는 "중요한 장소를 그려라."라는 과제를 주기로 했다. 두 경우 모두 피검자들에게 왜 그 장소를 선택했는지 물어본다.

그리고 앞에서 언급한 것처럼 여섯 번째 과제는 "가족화-가능하면 자신의 가족" 그림을 그리는 것이다. 이 과제의 목적은 가능한 한 가족의 모습에 대한 요구를 공개적으로 하자는 것이다. 동적가족화(Burns & Kaufman, 1972)는 매우 귀중한 것으로 입증되었지만, 필자는 그것이 우리가 찾고 있는 개인적인 지각과 자발성을 억제할 가능성이 있다고 보았다.

LECATA 실시하기

이 검사도구의 개발 초기부터 LECATA에 대한 향후 연구를 수행할 수 있는 어떤 구조를 염두에 두자고 주장했다. 따라서 시행 방식이 구체적일 필요가 있다. 여기에는 동일한 여섯 개 과제, 미술재료, 완성 시간 및 검사가 시행되는 환경(예: 교실, 사무실, 테이블/이젤) 등이 포함된다. 어느 정도 유연성은 당연히 필요하지만, 환경에 관계없이 전체 검사과정에서 일관성을 유지해야 한다는 점이 강조되었다. 또한 한 번에 다수의 아동에게 실시할 수 있는 종이 및 연필 검사인 인물화 검사와 달리, 이 그림검사는 한 번에 한 명씩 개인적으로 시행되어야 한다.

일관성을 보장하기 위해 형식에 맞춰 대본을 작성하기로 결정했다. 대본의 개발은 공유된 경험이었다. 모두가 각 과제의 목표를 이해한 뒤 시행하는 연습을 했고, 각 과제에 대해 지시를 내리는 것을 연습했으며, 지시에 응답하며 검사자와 피검자로서 느끼는 편안함의 수준 등을 질문으로 나누었다. 이렇게 공유한 경험을 여러 달 동안 검토한 후 LECATA를 소개하는 대본이 만들어졌는데, 각 과제 및 종결에 대한 대본이 완료되었다. 故 Penny Dachinger는 미술치료 팀의 원년멤버인데, 우리의 기록을 모두 대조하고 최종 원고를 준비했다. 첫 번째 회의 후 3년 만인 1989년에 LECATA 실시 매뉴얼이 완성되었다. 여기에는 형식, 대본, 앞에서 설명한 표, 채점 과정 및 샘플 보고서 양식까지 포함되었다. 매뉴얼은 1998년과 2001년에 두 번 개정되었다. 이제 세 번째 과제와 네 번째 과제는 두 부분으로 된 하나의 과제로 간주된다. 원래의 채점표에서 몇 가지가 변화하였지만, 가장 포괄적이고 효율적인 것으로 여겨지는 것은 각각의 과제에 대한 체계적인 인지적 및 정서적 체크리스트다. 앞에서 언급했듯이 개정된 최종 매뉴얼은 이 책의 부록에 실려 있고, 이러한 이론적 구성요소를 잘 알고 있는 미술치료사가 사용할 수 있다. 필요한 경우 각 과제에 대한 체크리스트는 복사해서 사용할 수 있다.

1989년 이래 마이애미-데이드 카운티 학군의 다른 미술치료사들뿐만 아니라 미국 전역과 한국의 미술치료사들도 다양한 대상에게 LECATA를 실시할 수 있도록 교육을 받았다. 지속된 긍정적 피드백은 이 검사도구의 효능을 강화했다.

다음 장에서는 LECATA의 채점에 대해 논의할 것이다.

제2장

LECATA의 채점

보고서 양식의 예

이 검사를 채점하는 기준은 앞 장의 〈표 1-2〉에 정의된 바와 같이 인지발달과 정서발달의 상관관계와 〈표 1-1〉에 요약된 대로 그림에 나타난 방어를 식별하는 기준이다. 이러한 기준은 Piaget와 (Anna 및 Sigmund) Freud의 연구에 근거한 것이지만, 전적으로 일관되지는 않다. 둘 다 발달단계이론이고 생물학적 발달에 기초를 두지만, 퇴행이라는 측면에서 다르다. Piaget는 단계 내에서 퇴행이 있을 수는 있지만 상위 단계에서 하위 단계로의 퇴행은 있을 수 없다고 가정했다(Rosen, 1977). 반면에 S. Freud는 단계 내에서의 퇴행을 인정했을 뿐만 아니라 상위 발달 단계에서 하위 단계로의 퇴행이 있다고 보았다(S. Freud, 1969). 또한 이러한 이론들 외에 Smedsland(1969), Flavell(1971) 등의 연구에서 발달을 순차적이고 단계적 위계를 지닌 것으로 봐야 한다는 주장이 제기되었다. 추가적으로, 필자의 경험과 필자가 함께 일했던 미술치료사들의 경험 그리고 모든 연령대의 아이들의 그림 수백 장을 살펴본 결과, 발달단계이론에 대한 엄격한 접근보다는 순차적 접근이 우리가 채점 체계를 구축하는 기초가 되었다.

이어서 보통 18개월 정도부터 아동이 난화를 그리기 시작하며, 2세 정도가 되면 형태 안에 형태를 그릴 수 있게 된다. 따라서 우리는 정규분포곡선을 만들고자 하는 목적으로 생활연령을 반년으로 설정했다. 예를 들면, 그림에 나타난 인지 및 정서 발달에서 3세 연령 기준은 $2\frac{1}{2}$ ~$3\frac{1}{2}$세를 포괄한다. 4세의 기준은 $3\frac{1}{2}$ ~$4\frac{1}{2}$세 사이가 된다. 이런 방식으로 11세 이상까지 적용된다.

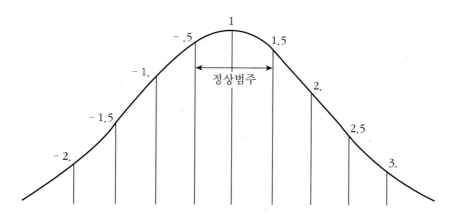

[그림 2-1] LECATA 정규분포곡선

고정된 단계와 달리 순차적인 발달을 바탕으로, 이 정규분포곡선 그림은 생활연령에서 반년 위, 혹은 반년 아래인 경우에 그 연령에서 기능하는 것이 정상범위에 있음을 나타낸다.

정규분포곡선을 그리기 위해, 그림에 나타난 미술표현에 근거해서 연령에 적합한 정서 (자아방어기제가 처음 나타나는 때의 방어기제) 및 인지적 기준에 대해 1점이라는 점수가 주어진다. 각 발달영역은 개별적으로 점수가 매겨지며, 나타난 것 중 가장 상위 지표에 대해 매겨진다.

모든 아동이 동일한 속도로 발달하지는 않으므로 평균점수는 −.5(낮은 평균), 1(평균), 1.5(높은 평균)가 된다. −.5 미만인 경우는 개인의 기능이 한 영역 혹은 두 영역 모두에서 평균 이하임을 나타낸다. 1.5 이상의 값은 한 영역 또는 두 영역에서 평균 이상으로 기능함을 나타낸다.

검사 실시 매뉴얼을 작성하는 과정에서 다섯 가지 과제에 대한 연령별 기록용지를 만들었다. 이를 통해 LECATA를 시행하는 미술치료사는 각 발달단계/순서에서 특정 과제에 대한 그림에 나타난 기준들을 체크하면 된다. 다음은 기록용지의 예다.

〈표 2-1〉 기준 기록용지-두 번째 과제: 자화상

두 번째 과제 연령	인지적 기준	정서적 기준
$2\frac{1}{2} \sim 3\frac{1}{2}$	□ 난화 □ 형태 속에 형태가 있음 □ 형태들을 연결하려는 시도 □ 신체 부분을 그리려는 시도 □ 신체 부분에 이름을 붙이려는 시도	□ 합일화 □ 퇴행 □ 취소 □ 역전 □ 부인
$3\frac{1}{2} \sim 4\frac{1}{2}$	□ 원시적인 인물상 □ 비율이 맞지 않는 신체 부위	□ 회피 □ 모방
$4\frac{1}{2} \sim 5\frac{1}{2}$	□ 거의 모든 신체 부위가 그려짐	□ 상징화 □ 정서격리
$5\frac{1}{2} \sim 6\frac{1}{2}$	□ 성별 차이가 나타남 □ 어떤 신체 부위는 다른 부위보다 현실적임	□ 동일시 흔적
$6\frac{1}{2} \sim 7\frac{1}{2}$	□ 세부묘사의 시작 □ 성별이 완전함 □ 인물이 잘 정의되어 있음	□ 동일시 □ 억압 □ 전위* □ 반동형성의 시작* □ 합리화의 시작* 　*알려진 정보가 있거나 관련된 언급을 함

$7\frac{1}{2} \sim 8\frac{1}{2}$	□ 모든 부분에서 세부묘사 □ 적어도 하나의 대상은 종이 하단 혹은 선 위에 서 있음	□ 반동형성 □ 합리화 □ 내사
$8\frac{1}{2} \sim 9\frac{1}{2}$	□ 세부묘사를 정교하게 하기 시작함 □ 정교한 특징 및 신체 □ 현실적인 비율 □ 둘 이상의 대상이 종이 하단 혹은 선 위에 서 있음	□ 새로운 방어가 나타나지 않음
$9\frac{1}{2} \sim 10\frac{1}{2}$	□ 정교한 세부묘사	□ 새로운 방어가 나타나지 않음
$10\frac{1}{2} \sim 11+$	□ 현실적인 성숙한 인물	□ 주지화의 시작* *알려진 정보가 있거나 관련된 언급을 함
최고 수준	＿＿＿＿＿＿＿ 인지적	＿＿＿＿＿＿＿ 정서적

여러 미술치료사가 검사를 배우고 시행하게 되면서 질문이 생겨났고 명확한 설명이 요구되었다. 2001년 매뉴얼 개정판에서 다음과 같은 참고할 점이 추가되었다.

• 인지적 영역을 채점할 때 참고할 점

1. 인식할 수 있는 대상으로 원시적인 인물 형태가 있는데, 이를테면 올챙이 형태나 머리-다리 형태 등이다.
2. 바닥 선이 있는 경우 점수는 가장 높은 정서점수로 이어질 수 있다.
   예: 바닥 선이 처음 나타났고 $7\frac{1}{2} \sim 8\frac{1}{2}$세로 채점된다. 그러나 $10\frac{1}{2} \sim 11+$세로 채점되는 주지화 방어가 있다면, 인지점수는 정서점수와 동일하다.
3. 수평선이 있거나 위/아래에서 보는 것처럼 투과되는 이미지가 있어서 다른 관점에서 보는 것이 있다면 조망을 확인할 수 있다.
4. '정교함'과 '성숙'이라는 단어는 보다 앞선 그림 표현을 나타내기 위해 적용된다.

• 정서적 영역을 채점할 때 참고할 점

1. 공격자와의 동일시는 모든 연령대에서 나타날 수 있지만 점수 계산 과정에 영향을 미치지는 않는다. 그러나 그러한 동일시가 나타나면 보고서에 포함해야 한다.
2. 일단 방어를 획득하면 모든 연령에서 사용할 수 있다. 하지만 방어의 채점은 나타난 방어 중 가장

상위 방어에 기반을 둔다.

3. 투사는 모든 그림 이미지에 내재해 있다.

4. 성별 표현이 다소 나타난다면 인물을 부분적으로 그렸다고 하더라도 동일시가 드러난다.

5. 동일시 과정에서 대상은 사람이다.

6. 알려진 자료나 자발적인 진술이 필요한 방어는 전위, 합리화, 반동형성, 주지화다.

7. $6\frac{1}{2}$~$7\frac{1}{2}$세 혹은 그 이상 연령의 동일시는 부모 중 한 명에 대한 것일 수 있고, 그림 과제 중 어느 것에서 나타나든 $6\frac{1}{2}$~$7\frac{1}{2}$세보다 높은 인지 수준으로 평가한다. *

8. 내사는 $7\frac{1}{2}$~$8\frac{1}{2}$세 정도에서 습득한다. 그러나 내사가 네 번째 과제 또는 다른 과제에서 나타난다면 $7\frac{1}{2}$~$8\frac{1}{2}$세보다 높은 인지 수준으로 채점된다. *

* 동일시와 내사는 잠복기 전반에 걸쳐 높은 인지 수준으로 일관되게 채점하므로, 만약 나타났다면 보고서에서 언급해야 한다.

보고서 양식의 예

보고서 양식의 예를 시행 매뉴얼에 포함했다. 이 양식의 중요성은 아무리 강조해도 지나치지 않다. 모든 검사 상황과 마찬가지로, 결론 및 권장사항과 함께 성취한 점수에 대한 설명/부연은 진단을 결정하고 검사받은 개인에 대한 치료 목표를 설정하는 데 중요하다.

나중에 제시하겠지만, 필자 및 여러 미술치료사는 이 평가가 모든 연령대의 사람에게 유용하다는 것을 알게 되었다.

이 책의 부록 'LECATA 시행 매뉴얼'에 청소년 피검자를 대상으로 실시된 LECATA 사례가 실렸는데, 최종 보고서를 비롯하여 채점된 기준 기록용지, 각 그림 과제로 그린 그림을 복사한 것 등이 포함되었다.

임상미술치료 평가 보고서

성명:　　　　　　　　　　　　　　생년월일 :

평가 날짜:　　　　　　　　　　　　장소:

미술치료사:

평가 사유:

개인력 요지:

임상 관찰:

절차: LECATA가 시행되었다. 약 60분 동안 다섯 개의 그림 과제―자유화 및 그 그림에 대한 이야기, 자화 상, 단색 난화와 난화로부터 만들어 낸 그림, 중요한 장소, 가족화―가 주어진다. 제공되는 미술 재료 는 12″×18″ 크기[1]의 흰 도화지, 다양한 색깔의 크레파스, 요청 시 사용할 수 있는 지우개가 달린 연필 이다. 임상가는 평가를 받는 개인에게 각 그림에 제목을 붙이라고 지시하며, 또한 그림이 완성될 때 마다 피검자에게 그림에 대해 이야기해 달라고 요청한다.

평가 결과: LECATA 점수 산정 기준은 인지적 · 미술적 · 심리성적 발달 순서와 해당 발달시기에 적합 한 자아방어기제 간의 상관관계에 근거하며(Levick, 1983), 그림작품에 나타난 방어의 기준(Levick, 1983)에 근거한다. 기능발달수준을 나타내는 점수는 근사치이며 현 시점에서의 수행을 반영한다.

과제/제목	인지 수준	정서 수준	방어
1 _____	_____	_____	_____
2 _____	_____	_____	_____
3 _____	_____	_____	_____
4 _____	_____	_____	_____
5 _____	_____	_____	_____

요약: 인지 및 정서 발달을 연구하는 연구자 대부분은 모든 아동이 $10\frac{1}{2}$ 세에서 11세 사이에 청소년 및 성인의 성숙을 위해 필요한 기술을 습득한다고 결론을 내렸다(Levick, 1983)는 점을 여기에 언급할 필요가 있다.

결론 및 권고: 이 부분은 미술치료사가 자료 요약과 자료에 기반을 둔 치료 목표 및 추가 권장 사항을 적 는다.

LECATA 보고서 양식의 예

---

1) 역자 주: 12″×18″는 환산하면 30.48×45.72cm다. 이에 가장 가까운 크기는 우리나라 4절 도화지 정도(36.4×51.2cm)가 된다.

제3장

표준화 연구

독립적인 전문연구에 대한 제안

표준화와 타당도 연구 진행 중

연구의 경과

다음은 최초 제안서로부터 시작되는 이 연구의 과정이다.
1998년 9월 28일에 제출되었다.

독립적인 전문연구에 대한 제안

수신자: 팜비치 카운티 학군
발신자: Myra F. Levick, Ph.D., ATR-BC, HLM

서론

이 연구는 교육의 향상, 특히 팜비치 카운티에서 위험에 처한 아동을 식별하는 분야에서 중요한 의미를 가지는 문제를 다루고자 한다.

Levick 박사는 펜실베이니아주 로즈먼트에 위치한 브린모어 대학에서 박사학위를 받은 심리학자다. 그녀는 지난 20년간 마이애미-데이드 학교 시스템(Miami-Dade School System)의 고문을 역임했는데, 그 학교 시스템은 현재 20명의 미술치료사를 고용하고 있으며 공립학교 환경에서 특수교육이 필요한 아동을 위해 미술치료 분야를 효과적으로 활용하는 모델 프로그램이다.

LECATA는 플로리다의 마이애미-데이드 카운티 학교 시스템의 미술치료사들이 개발했으며, Levick 박사가 1989년에 저작권을 가지고 있다. 이 검사는 1998년에 마지막으로 개정되었고 현재까지 사용 중이다. 이 도구는 앞서 언급한 학교 시스템에서 위험에 처한 모든 아동에 대한 평가 과정에서 없어서는 안 될 부분이다. 임상미술치료 부서의 책임자는 공인 미술치료사인 Janet Bush다. 그녀는 사우스플로리다 미술심리치료 학교(South Florida Art Psychotherapy Institute)의 교수로 재직 중이며 그곳에서 연례 교육 세미나, 자문 및 LECATA 활용에 대한 슈퍼비전을 전국 및 지역의 미술치료사에게 제공한다. 지난 5년 동안 전국의 수백 명의 미술치료사가 LECATA를 실시할 수 있도록 교육을 받았으며, 학교 및 정신건강 시설에서 위험에 처한 것으로 판명된 아동을 대상으로 이 검사를 도입해서 사용하고 있다.

LECATA는 3세 이상의 모든 정상 아동 및 성인과 대부분의 장애인이 약 1시간 내에 완료할 수 있는 여섯 가지의 그림 과제로 구성된다. 그림은 Piaget의 지적발달 수준에 대한 구체적인 기준에 따라 채점되며, 또한 S. Freud와 A. Freud의 발달적인 자아방어기제에 따라 점수가 매겨진다. 이 평가의 기초가 된 책은 Levick 박사가 쓴 교과서인 『그들은 말할 수 없었고, 그래서 그렸다: 아동의 사고 및 대처양식』(1983, Charles C. Thomas 출판사)이다.

표준화와 타당도 연구 진행 중

현재까지 이 검사를 사용한 상당한 양의 자료가 수집되었으므로 이 검사의 저자와 많은 사용자는 이제는 정말 표준화할 준비가 되었다고 느낀다. 이 연구는 마이애미-데이드에서 일하는 관리자와 미술치료사들에 의해 주로 진행되는데, 그 지역에서는 다양한 인종이나 다양한 사회경제적 지위를 가진 피검자들을 만나기는 어렵다는 것이 잘 알려져 있다. Levick 박사는 팜비치 카운티 거주자이며 팜비치 카운티 학군의 Alison Adler 박사와의 회의 및 토론을 통해 그곳 중학교들이 이 연구를 수행하는 데 적합하다는 점을 확인했다.

목표

- 3~11세 사이의 일반 아동에게 LECATA를 실시한다.
- 행동이나 수행에서 관찰되는 인지적 또는 정서적 문제의 명백한 징후가 없어서 종종 놓쳤던 위험에 처한 아동을 식별한다.
- 이 학교의 시스템과 그림검사법, 미술치료 등을 진단 및 치료에 대한 실용적이고 효과적이며 효율적인 접근 방법으로 공립학교 체계에 소개한다.

자료 수집 절차

- LECATA는 약 900명의 아동에게 실시될 것이다. 3세 아동 100명, 4세 아동 100명, 5세 아동 100명 그리고 그런 식으로 11세 아동까지 실시된다. 피검자를 선택할 때 가능한

한 다양한 인종, 민족 및 사회경제적 집단의 표본 추출을 포함할 것이다.

• Levick 박사 또는 자격을 갖춘 연구 진행자는 학교 관계자가 지정한 장소에서 아동/피검자에게 개별적으로 테스트를 실시한다. Levick 박사와 연구 진행자들은 LECATA를 실시하기 위해 보카레이턴에 소재한 화실/사무실을 제공할 수도 있고 혹은 다른 장소로 옮겨서 할 수도 있다.

• 그림검사를 실시하는 데 필요한 것은 테이블과 두 개의 의자가 있는 공간으로 작은 사무실이나 빈 교실이면 충분하다.

• 그림검사를 실시할 때 교직원이나 관리자가 함께 있지 않고, 시간 제한도 없다. 그러나 연구자가 보기에 어떤 부모들은 자신의 자녀가 낯선 사람과 방에 있는 것을 반대할 수도 있다고 여겨진다. 그러한 경우에는 그림검사 과정에 교직원 한 명이 동석해도 상관없다.

• 동의서에는 Levick 박사가 연구 목적으로만 이 자료를 사용하고 숫자와 문자로만 피검자를 식별하게 될 것이라 알려 준다. 비밀보장은 엄격하게 준수된다.

• 비밀보장을 위해 피검자마다 번호가 주어지며, 해당 피검자에 대해 논의할 때에도 번호로 이야기한다. 아동의 이름과 거기에 대응된 숫자는 교사와 교장만 알 수 있다. 추천하는 번호는 아동의 나이다(예: 4세, 몇 개월, # 1 --- 100, F 또는 M 등).

• 피검자의 학교 성적을 자료로 쓸 수 있는 경우 이름은 삭제되며 그림검사 결과에 사용된 동일한 숫자로 식별한다.

• 평가에 대한 요약은 아동의 교사나 지정 교직원 혹은 학부모에게 제공된다.

• Levick 박사에게 평가 결과에 대한 상담을 받을 수 있다.

예산

• 팜비치 카운티 학군이나 학교에 대해 이 연구 프로젝트와 관련된 행정, 요약 또는 자문 비용을 일절 청구하지 않는다.

• LECATA를 실시하는 데 필요한 모든 미술 재료는 Levick 박사가 제공하며 현재까지 종이 500매와 크레파스 145상자가 제공되었다.

Levick 박사는 연구원들에게 시간과 출장경비를 지원할 수 있도록 기금을 모으려고 한다. 그러나 이 프로젝트는 기금 모금 현황에 상관없이 진행될 것이다.

팜비치 카운티 학군 및 지역사회에 대한 혜택

- 인지적 및 정서적 발달영역에서의 기능 수준에 관해 자료가 수집되어 학교 관계자와 학부모가 이용할 수 있다.
- 자료는 학교 시험을 지지하거나 반박하거나 혹은 향상시킬 것이다.
- LECATA의 매개변수로 인해 이 자료는 아동을 식별하도록 해 준다. 명백한 행동이나 학교 성적으로 나타나지 않아 정상범위에서 기능하는 것으로 보이지만 위험에 처한 아동을 식별한다.

자료 분석 방법

다음 목적을 위해 통계학자에게 자문한다.

- LECATA에서 확인된 기준과 검사 결과의 상관관계
- LECATA에서 얻은 인지점수를 t점수 또는 기타 적절한 통계로 바꾸어 학교 성적 점수와 연관시킨다.
- LECATA 표준화를 위해 가능한 모든 통계분석 적용

연구의 한계

투사 기법에 대한 문헌 및 보고된 연구를 살펴보면, 그러한 절차를 정량화하고 통계적으로 분석하는 것이 쉽지 않은 작업이라는 것을 알 수 있다. LECATA는 여섯 가지 투사 기법으로 구성된다. 앞에서 언급했듯이, 그림에 나타난 자아방어기제와 인지지표의 기준에 대한 신뢰도를 뒷받침하도록 수집된 상당한 양의 자료가 있다. 그러나 이러한 정보의 대부분은 장애 아동 및 성인으로부터 얻은 것이다. 그리고 이 경우에 LECATA는 진단 분야에서 함께 얻은 다른 자료들 및 이용 가능한 검사 자료와의 상관관계를 입증했으며, 치료 목표 설정에 매우 유용하다는 점이 입증되었다.

이 검사의 저자와 여러 미술치료사는 전문가로서 검사를 사용하면서 이 검사가 일반화될 수 있다고 믿게 되었다. 이 검사 구조의 성격이 비언어적 투사기법이라는 점 때문이다. 보고서 등의 기록으로 남기는 문서화가 필요하고, 이 연구는 LECATA를 사용하는 기관에서 권고되었다.

팜비치 카운티 학군에서 이 프로젝트를 추진할 기회가 생긴다면 매우 감사한 일이 될 것이며, 이 과정을 통해 많은 혜택을 볼 것으로 생각된다.

연구의 경과

이 제안서는 1999년 초에 승인되었다. 연구 책임자인 Marc Baron 박사는 해당 지역에 있는 어떤 학교에서든 LECATA를 아동에게 실시할 수 있도록 허가해 주었으며, 교장이 이를 기꺼이 허용하고 적절한 동의서를 작성하는 데 도움을 주면서 학교 상담사의 도움을 얻을 수 있게 해 주었다. 그해 봄 학기와 가을 학기의 일부 기간에 학교를 확보하고, 학교 상담사와 협력하고 동의서를 준비하고, 피검자에게 번호를 부여하는 것 등을 하면서 보냈다. 많은 교장과 학교 상담사들이 협조적이었지만, 원하는 수만큼 피검자를 확보할 수는 없었다.

유아원에 있는 3~5세 사이 아동은 공립학교 시스템에서 만날 수 없었다. 참여할 의사가 있는 사설 유아원이 있었지만, 이 환경에 있는 사람들은 지나치게 한쪽 극단의 표본이라고 여겨졌다. 검사가 가능한 최종적인 아동 인원은 기대했던 것보다 훨씬 적었다. 하지만 다른 연구자들과 회의를 거친 끝에 확보된 피검자 330명만으로도 이 연구를 위해 수용할 만한 인원이라고 보았고, 2000년 봄 학기부터 검사가 시작되었다.

검사에 참여한 인원은 다음과 같다.

- 유치원-49명
- 1학년-61명
- 2학년-59명
- 3학년-32명
- 4학년-47명

- 5학년–41명
- 6학년–41명

검사를 받은 아동의 총 인원은 330명이었다. 다음 장에서는 각 학년에 대한 자료 분석을 제시하고, 다양성(예를 들어, 성별, 인종 배경 등)도 보고할 것이다.

검사는 2003년에 완료되었다. 필자는 이 연구 과정에서 Allison Hendricks에게 큰 도움을 받았는데, 그녀는 필자가 뉴멕시코의 미술치료 프로그램에서 떠나 있는 동안 인턴으로 필자와 함께 일했던 사람이다. Craig Siegel과 Karen Polin은 둘 다 미술치료사(ATR)이며 LECATA 실시에 대한 교육을 받았고 본 검사를 도와주었다. 모든 그림은 채점 오류를 통제하기 위해 두 명 이상이 채점했다. 필자는 모든 검사를 채점했다. Craig Siegel이 50개 이상을 채점했다. Karen Polin도 몇 개를 채점했다. 일부는 Allison Hendricks가 인턴 경험의 일부로 채점했다. 미술치료사 Janet Bush도 여러 개를 채점했으며, 각 검사의 최종 점수가 일치된 결론의 결과라는 것을 확인해 주었다.

체육, 예술, 음악 및 점심시간과 같은 특별 수업 일정에 맞추어서 작업해야 했으므로 완료하기까지는 예상보다 많은 시간이 소요되었다. 요청하면 공간을 사용할 수 있었고, 몇몇 상담사와 교사는 필자가 알게 된 것에 특히 관심이 많았으며 종종 검사가 완료된 후에 질문을 하거나 정보를 공유했다. 필자는 약속한 대로 간략한 보고서를 작성하기 시작했지만, 곧 부모를 포함하여 아무도 그 보고서를 받는 것에 관심이 없다는 것을 알게 되었다. Baron 박사와 상의했더니 그는 필자가 보고서를 작성하는 것이 적절하지만, 요청받지 않는 한 제출하지 않아도 된다고 했다. 이러한 일은 드물게 발생한다.

자료 분석은 느린 과정이었다. 활동치료사이자 좋은 친구인 Myrna Springel과 필자의 남편은 각 학년의 점수기입용지에 있는 원자료를 모두 기록하는 데 도움을 주었다. 그런 다음 필자는 이것을 컴퓨터를 사용해 SPSS 프로그램(잘 알려진 자료 분석 프로그램)의 학년별 데이터시트에 입력했다. 필자의 손녀인 Nicole Cossrow 박사는 SPSS에 익숙한 전염병학자여서 이 프로그램을 사용하는 데 큰 도움을 주었다.

다음 장에서는 이 자료와 학년별 분석을 살펴보고자 한다.

제4장

자료 분석

유치원

1학년

2학년

3학년

4학년

5학년

6학년

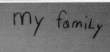

LECATA는 기준 참조 검사다. 평가되는 기준은 생활연령과 비교하여 특정 미술 과제를 수행하는 것이 된다. LECATA 기준에 따라 다섯 가지의 과제 각각에 대해 인지 및 정서 영역에서 '평균연령'과 '연령수준 수행의 평균'이 학년별로 계산된다. 이 평균은 양방향 T-검증과 피어슨 상관분석을 사용해서 비교될 것이다. 연구의 가설은 다음과 같다.

- 영가설 1: 전체 및 각 과제에 대해 인지적 · 정서적 영역에서 생활연령과 연령에 따른 수행 간에는 통계적으로 유의미한 차이가 없을 것이다.

양방향 T-검증은 두 표본이 같은 모집단에서 추출되었다고 가정한다.

- 가설 2: 전체 및 각 과제에 대해 인지적 · 정서적 영역에서 생활연령과 연령에 따른 수행 간에는 통계적으로 유의미한 관계가 있을 것이다.

이 상관을 구하기 위해 피어슨 상관계수를 사용할 것이다.

유치원

검사에 참여한 유치원생은 총 49명이며 평균연령은 5.52세였다. 이 집단에서 여아는 26명이었고, 남아는 23명이었다. 이들의 인종별 숫자는 백인 33명, 흑인 4명, 아메리칸 인디언 6명, 히스패닉 6명이었다.

다음은 이 유치원생들을 대상으로 수행된 각 검사에 대한 통계자료 분석 및 도표다.

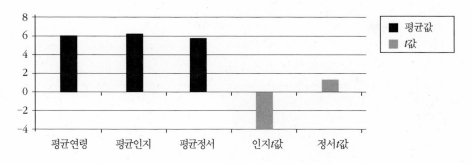

[그림 4-1] 전체 연령, 인지평균, 정서평균 비교 및
전체 인지평균과 정서평균에 대한 양방향 t값

인지 영역에서 평균연령은 5.9세였고 다섯 개 과제 모두에 대한 평균은 6.37세였다. 정서 영역에서 평균은 5.82세였다. 대응표본 T-검증(paired sample T-test)을 실시하여 다섯 개 과제 모두에 대한 인지 영역과 정서 영역의 평균과 평균연령을 비교했다. 인지 영역에 대한 t값은 −3.981이었고, 영가설을 지지했다. 즉, 유의미한 차이는 없었다. 정서 영역에 대한 t값은 1.243으로 유의미한 차이를 나타냈고, 따라서 이 영역에 대한 영가설은 기각되었다.

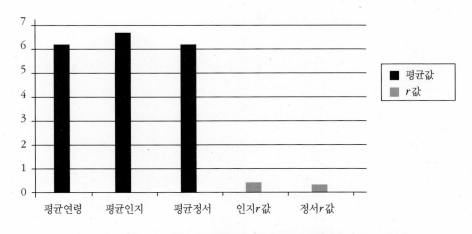

[그림 4-2] 이 평균들을 비교하는 양방향 피어슨 상관분석

전체 인지점수에 대한 r값은 .361이며 이 값은 .05 수준에서 유의미하다. 평균연령과 전체 정서평균 사이의 상관은 유의미하지 않았지만, 둘 다 $5\frac{1}{2}$~$6\frac{1}{2}$세 범위에 있다.

그다음에 앞에서 사용한 통계검사를 사용하여 각 과제에 대한 인지점수 평균 및 정서점수 평균과 평균연령을 비교했다. 그 결과가 다음 표에 요약되어 있다.

〈표 4-1〉 인지 및 정서 점수에 대한 대응표본 T-검증

과제	1	2	3	4	5
인지 t값	-5.336 NS	-3.662 NS	.630 S	-3.193 NS	-5.081 NS
정서 t값	2.445 S	-1.491 NS	9.237 S	-.487 NS	-1.963 NS

NS=평균연령과 평균 인지/정서점수 사이에 유의미한 차이가 없음
S=평균연령과 평균 인지/정서점수 사이에 유의미한 차이가 있음

〈표 4-2〉 상관관계: 인지점수와 정서점수에 대한 피어슨 상관계수

과제	1	2	3	4	5
인지 r값	.268 NS	.215 NS	.116 NS	.402 S	.383 S
정서 r값	.316 S	-.027 NS	.042 NS	.271 NS	.110 NS

NS=평균연령과 평균 인지/정서점수 사이에 유의미한 상관이 없음
S=평균연령과 평균 인지/정서점수 사이에 유의미한 상관이 있음

　　각 과제에 대한 분석을 마친 후에는 세 번째 과제가 퇴행을 유발하여 대부분의 사례에서 정서 영역의 전체적인 평균을 자동적으로 낮추고, 몇몇 경우에는 두 영역 모두에서 점수를 낮추는 것으로 결론 내렸다. 따라서 두 가지 검사는 과제 1, 2, 4, 5번에만 실시하고 과제 3에 대해서는 제외하였는데, 과제 3은 난화를 그리도록 요청하는 것이었다.

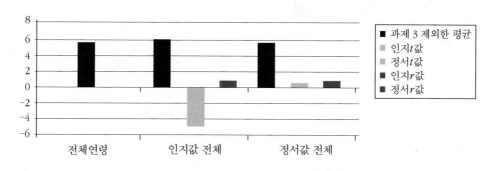

[그림 4-3] 과제 1, 2, 4, 5에 대한 전체 평균, t값 및 r값

전체 평균연령과 과제 1, 2, 4, 5의 전체 t값은 유의미한 차이가 없었다.

평균연령과 과제 1, 2, 4, 5의 평균 인지점수 간에는 유의미한 상관관계가 있었다.

정서 영역에서 상관이 통계적으로 유의미하지 않았지만, 실제 평균은 모두 $5\frac{1}{2}$~$6\frac{1}{2}$ 세 범위에 있다는 것을 유의해야 한다. 또한 그 평균들이 매우 근접해 있다는 것도 주목할 만하다. 연령평균은 5.9350이며, 네 가지 과제의 정서점수 평균은 5.1967이다.

결론

이 지역의 여러 학교를 대표하는 49명의 유치원 아동의 평균연령과 이들의 LECATA의 다섯 가지 과제에서 인지 영역과 정서 영역에서 얻은 평균점수 간의 통계적 비교를 통해, 이 아동들은 인지적으로는 자신의 연령보다 한 살 정도 더 높게, 정서적으로는 자신의 나이 정도에서 기능한다는 것이 나타났다.

모든 과제에서 두 영역의 평균연령과 평균 점수는 $5\frac{1}{2}$~$6\frac{1}{2}$ 세 범위에 있었다.

다음은 유치원 아동에게 실시된 LECATA의 예다. 앞에서 언급한 것처럼 비밀보장을 위해 다음과 같이 번호가 주어진다. 이 아동을 식별하는 코드는 K(유치원의 경우), 37(이 반에 있었던 피검자 번호) 그리고 M(남아의 경우)이다.

• K/37/M, 5세 10개월

[그림 4-4] 첫 번째 과제: 자유화. '포켓몬'

그는 이것이 포켓몬 영화에 대한 것이라 말했다.

자유화와 이야기

첫 번째 과제 / 연령	인지적 기준	정서적 기준
$2\frac{1}{2}\sim3\frac{1}{2}$	□ 난화 □ 적어도 하나의 알아볼 수 있는 형태 ☑ 형태에 이름을 붙임 □ 형태 속에 형태가 있음 □ 이야기에서 형태 관계가 적어도 하나 이상 나타남	□ 합일화 □ 퇴행 □ 취소 □ 역전 □ 부인
$3\frac{1}{2}\sim4\frac{1}{2}$	□ 둘 이상의 알아볼 수 있는 형태 ☑ 이야기를 원시적이거나 마술적으로 연결	□ 회피 □ 모방
$4\frac{1}{2}\sim5\frac{1}{2}$	☑ 이야기가 있다면 부분적으로 현실이거나 부분적으로 환상 ☑ 자유로운 형태 및 알아볼 수 있는 형태가 균형 잡혀 있음 □ 적어도 하나의 인식할 수 있는 대상이 있음	☑ 상징화 ☑ 격리 ☑ 정서격리
$5\frac{1}{2}\sim6\frac{1}{2}$	□ 인물이 그려졌다면, 성별 차이가 나타남 □ 공간 조직화 □ 둘 이상의 인식할 수 있는 대상	□ 동일시 흔적
$6\frac{1}{2}\sim7\frac{1}{2}$	□ 현실적 비율의 시작 □ 대상들 간 현실적 관계의 시작 □ 이미지에서 움직임이 나타남 □ 이야기에서 순서가 나타남-사실이든 공상이든 □ 인물이 그려졌다면 성별이 완전함 □ 지시를 구체적으로 따라 함	□ 동일시 □ 억압 □ 전위* □ 반동형성의 시작* □ 합리화의 시작* * 알려진 정보가 있거나 관련된 언급을 함
$7\frac{1}{2}\sim8\frac{1}{2}$	□ 이미지는 친구, 학교, TV, 영화, 스포츠 등과 관련이 있음 □ 대상들 간 현실적인 관계 □ 현실적인 비율 □ 조망시점의 시작 □ 적어도 하나의 대상은 종이 하단 혹은 선 위에 서 있음 □ 이야기 순서가 응집력 있음-사실이든 공상이든	□ 반동형성 □ 합리화 □ 내사
$8\frac{1}{2}\sim9\frac{1}{2}$	□ 현실이든 공상이든 명백한 스토리라인 □ 세부묘사가 정교해지기 시작함 □ 둘 이상의 대상이 종이 하단 혹은 선 위에 서 있음	□ 새로운 방어가 나타나지 않음
$9\frac{1}{2}\sim10\frac{1}{2}$	□ 이미지에서 완전한 그림 순서가 나타남 □ 정교한 세부묘사	□ 새로운 방어가 나타나지 않음
$10\frac{1}{2}\sim11+$	□ 정교한 이미지와 이야기 □ 현실적인 성숙한 인물	□ 주지화의 시작* * 알려진 정보가 있거나 관련된 언급을 함
최고수준	$\underline{4\frac{1}{2}\sim5\frac{1}{2}}$ 인지적	$\underline{4\frac{1}{2}\sim5\frac{1}{2}}$ 정서적

[그림 4-4A] 첫 번째 과제 체크리스트

[그림 4-5] 두 번째 과제: 자화상. 'seanopat'

그는 자신과 네 살짜리 동생을 위해 이것을 이렇게 이름 지었다.

자화상

두 번째 과제 연령	인지적 기준	정서적 기준
$2\frac{1}{2}\sim3\frac{1}{2}$	☐ 난화 ☐ 형태 속에 형태가 있음 ☑ 형태들을 연결하려는 시도 ☑ 신체 부분을 그리려는 시도 ☐ 신체 부분에 이름을 붙이려는 시도	☐ 합일화 ☐ 퇴행 ☐ 취소 ☐ 역전 ☐ 부인
$3\frac{1}{2}\sim4\frac{1}{2}$	☑ 원시적인 인물상 ☑ 비율이 맞지 않는 신체 부위	☐ 회피 ☐ 모방
$4\frac{1}{2}\sim5\frac{1}{2}$	☑ 거의 모든 신체 부위가 그려짐	☐ 상징화 ☑ 정서격리
$5\frac{1}{2}\sim6\frac{1}{2}$	☐ 성별 차이가 나타남 ☐ 어떤 신체 부위는 다른 부위보다 현실적임	☑ 동일시 흔적
$6\frac{1}{2}\sim7\frac{1}{2}$	☐ 세부묘사의 시작 ☐ 성별이 완전함 ☐ 인물이 잘 정의되어 있음	☐ 동일시 ☐ 억압 ☐ 전위* ☐ 반동형성의 시작* ☐ 합리화의 시작* * 알려진 정보가 있거나 관련된 언급을 함
$7\frac{1}{2}\sim8\frac{1}{2}$	☐ 모든 부분에서 세부묘사 ☐ 적어도 하나의 대상은 종이 하단 혹은 선 위에 서 있음	☐ 반동형성 ☐ 합리화 ☐ 내사
$8\frac{1}{2}\sim9\frac{1}{2}$	☐ 세부묘사를 정교하게 하기 시작함 ☐ 정교한 특징 및 신체 ☐ 현실적인 비율 ☐ 하나 이상의 대상이 종이 하단 혹은 선 위에 서 있음	☐ 새로운 방어가 나타 나지 않음
$9\frac{1}{2}\sim10\frac{1}{2}$	☐ 정교한 세부묘사	☐ 새로운 방어가 나타 나지 않음
$10\frac{1}{2}\sim11+$	☐ 현실적인 성숙한 인물	☐ 주지화의 시작* * 알려진 정보가 있거나 관련된 언급을 함
최고수준	<u>$4\frac{1}{2}\sim5\frac{1}{2}$</u> 인지적	<u>$5\frac{1}{2}\sim6\frac{1}{2}$</u> 정서적

[그림 4-5A] 두 번째 과제 체크리스트

[그림 4-6] 세 번째 과제: 난화와 난화로부터 그린 것. '토네이도'

난화와 이미지

세 번째 과제 / 연령	인지적 기준	정서적 기준
$2\frac{1}{2}\sim3\frac{1}{2}$	☐ 난화선을 그리고 나서 그 위에 선이나 형태를 덧붙임 ☐ 지시를 이해하지 못했을 수 있음	☐ 합일화 ☐ 퇴행 ☐ 취소 ☐ 역전 ☐ 부인
$3\frac{1}{2}\sim4\frac{1}{2}$	☑ 난화선 위에 형태를 그림	☐ 회피 ☐ 모방
$4\frac{1}{2}\sim5\frac{1}{2}$	☐ 난화선을 사용해서 형태 안에 형태를 만들려고 노력함	☑ 상징화 ☐ 격리 ☐ 정서격리
$5\frac{1}{2}\sim6\frac{1}{2}$	☐ 난화에 형태를 더 그리고 이름을 붙임(형태는 인식할 수 없을 수도 있음)	☐ 동일시 흔적
$6\frac{1}{2}\sim7\frac{1}{2}$	☐ 인식할 수 있는 난화 형태를 그리고 이름을 붙임 ☐ 세부묘사의 시작	☐ 동일시 ☐ 억압 ☐ 전위* ☐ 반동형성의 시작* ☐ 합리화의 시작* * 알려진 정보가 있거나 관련된 언급을 함
$7\frac{1}{2}\sim8\frac{1}{2}$	☑ 세부묘사는 환경에 연결되는 것을 반영함	☐ 반동형성 ☐ 합리화 ☐ 내사
$8\frac{1}{2}\sim9\frac{1}{2}$	☐ 정교한 세부묘사 ☑ 계획한 이미지가 난화 전체 혹은 부분에서 나타남	☐ 새로운 방어가 나타나지 않음
$9\frac{1}{2}\sim10\frac{1}{2}$	☐ 완성된 이미지가 난화 전체 혹은 부분에서 나타남	☐ 새로운 방어가 나타나지 않음
$10\frac{1}{2}\sim11+$	☐ 이미지의 정교함 ☐ 의도적, 창의적, 창조적	☐ 주지화의 시작* * 알려진 정보가 있거나 관련된 언급을 함
최고수준	<u>$8\frac{1}{2}\sim9\frac{1}{2}$</u> 인지적	<u>$4\frac{1}{2}\sim5\frac{1}{2}$</u> 정서적

[그림 4-6A] 세 번째 과제 체크리스트

[그림 4-7] 네 번째 과제: 중요한 장소. 'Disney'

그는 중요하다는 것이 특별한 것이라는 점을 이해했고 '디즈니 호텔'을 선택했다. 그는 그곳으로 여행 갔던 이야기를 들려주었고, 디즈니 버스를 추가했다.

중요한 장소

네 번째 과제 연령	인지적 기준	정서적 기준
$2\frac{1}{2}\sim3\frac{1}{2}$	☐ 난화 ☐ 형태 속에 형태가 있음 ☐ 적어도 하나의 인식할 수 있는 형태 ☐ 형태에 이름을 붙임 ☐ 적어도 하나의 형태 관계를 나타내는 언급	☐ 합일화 ☐ 퇴행 ☐ 취소 ☐ 역전 ☐ 부인
$3\frac{1}{2}\sim4\frac{1}{2}$	☑ 둘 이상의 인식할 수 있는 형태 ☐ 이야기를 원시적이거나 마술적으로 연결	☐ 회피 ☐ 모방
$4\frac{1}{2}\sim5\frac{1}{2}$	☑ 이야기가 있다면 부분적으로 현실이거나 부분적으로 환상 ☐ 자유로운 형태 및 알아볼 수 있는 형태가 균형 잡혀 있음 ☑ 적어도 하나의 인식할 수 있는 대상이 있음	☐ 상징화 ☐ 격리 ☑ 정서격리
$5\frac{1}{2}\sim6\frac{1}{2}$	☐ 인물이 그려졌다면, 성별 차이가 나타남 ☑ 공간 조직화 ☐ 둘 이상의 인식할 수 있는 대상	☐ 동일시 흔적
$6\frac{1}{2}\sim7\frac{1}{2}$	☐ 현실적인 비율의 시작 ☐ 대상들 간 현실적 관계의 시작 ☑ 이미지에서 움직임이 나타남 ☑ 이야기에서 순서가 나타남-사실이든 공상이든 ☐ 인물이 그려졌다면 성별이 완전함 ☐ 지시를 구체적으로 따라 함	☐ 동일시 ☐ 억압 ☐ 전위* ☐ 반동형성의 시작* ☐ 합리화의 시작* * 알려진 정보가 있거나 관련된 언급을 함
$7\frac{1}{2}\sim8\frac{1}{2}$	☐ 이미지는 친구, 학교, TV, 영화, 스포츠 등과 관련이 있음 ☐ 대상들 간 현실적인 관계 ☐ 현실적인 비율 ☐ 조망시점의 시작 ☐ 적어도 하나의 대상은 종이 하단 혹은 선 위에 서 있음 ☐ 이야기 순서가 응집력 있음-사실이든 공상이든	☐ 반동형성 ☐ 합리화 ☐ 내사
$8\frac{1}{2}\sim9\frac{1}{2}$	☐ 현실이든 공상이든 명백한 스토리라인 ☐ 세부묘사가 정교해지기 시작함 ☐ 둘 이상의 대상이 종이 하단 혹은 선 위에 서 있음	☐ 새로운 방어가 나타 나지 않음
$9\frac{1}{2}\sim10\frac{1}{2}$	☐ 이미지에서 완전한 그림 순서가 나타남 ☐ 정교한 세부묘사	☐ 새로운 방어가 나타 나지 않음
$10\frac{1}{2}\sim11+$	☐ 정교한 이미지와 이야기 ☐ 성숙한 인물과 대상	☐ 주지화의 시작* * 알려진 정보가 있거나 관련된 언급을 함
최고수준	<u>$6\frac{1}{2}\sim7\frac{1}{2}$</u> 인지적	<u>$4\frac{1}{2}\sim5\frac{1}{2}$</u> 정서적

[그림 4-7A] 네 번째 과제 체크리스트

[그림 4-8] 다섯 번째 과제: 가족화. 'Too Mom'

그는 할머니와 엄마, 엄마의 어깨 위에 있는 남동생, 수염 있는 아빠를 그렸다. 그는 나중에 집과 TV를 추가했다. 그는 이번 학기가 끝나면 다른 주로 이사하게 되고 1학년이 된다고 말했다.

가족화

다섯 번째 과제 연령	인지적 기준	정서적 기준
$2\frac{1}{2}$~$3\frac{1}{2}$	☐ 난화 ☐ 적어도 하나의 인식할 수 있는 형태 ☐ 형태 속에 형태가 있음 ☐ 적어도 하나의 형태 관계를 나타내는 언급 ☐ 과제를 이해했지만, 동물 가족을 그림 ☐ 아동이 가족 구성원을 그리는 도중에 구성원이 바뀜	☐ 합일화 ☐ 퇴행 ☐ 취소 ☐ 역전 ☐ 부인
$3\frac{1}{2}$~$4\frac{1}{2}$	☑ 둘 이상의 인식할 수 있는 형태 ☐ 이야기를 원시적이거나 마술적으로 연결	☐ 회피 ☐ 모방
$4\frac{1}{2}$~$5\frac{1}{2}$	☑ 이야기가 있다면 부분적으로 현실이거나 부분적으로 환상 ☐ 자유로운 형태 및 알아볼 수 있는 형태가 균형 잡혀 있음 ☐ 적어도 하나의 인식할 수 있는 대상이 있음 ☐ 인물이 원시적임	☐ 상징화 ☑ 격리 ☑ 정서격리
$5\frac{1}{2}$~$6\frac{1}{2}$	☑ 성별 차이가 나타남 ☑ 공간 조직화 ☑ 둘 이상의 인식할 수 있는 대상 ☑ 어떤 신체 부위는 다른 부위보다 현실적임	☑ 동일시 흔적

$6\frac{1}{2}$~$7\frac{1}{2}$	☐ 인물이 잘 정의되어 있음
	☐ 인물들 간 현실적 관계의 시작
	☐ 이미지에서 움직임이 나타남
	☐ 이야기에서 순서가 나타남-사실이든 공상이든
	☐ 인물의 성별이 완전함
	☐ 가족은 사람이라야 하며, 정면을 향하고 있을 수 있고 서로 연결
	  되거나 관계되어 있지 않음
		☐ 동일시
		☐ 억압
		☐ 전위*
		☐ 반동형성의 시작*
		☐ 합리화의 시작*
		* 알려진 정보가 있거나 관
		  련된 언급을 함

$7\frac{1}{2}$~$8\frac{1}{2}$	☐ 모든 부분에서 세부묘사 ☐ 적어도 하나의 대상은 종이 하단 혹은 선 위에 서 있음 ☐ 이야기 순서가 응집력 있음-사실이든 공상이든 ☐ 조망시점의 시작 ☐ 인물들 간 현실적인 관계 ☐ 현실적인 비율	☐ 반동형성 ☑ 합리화 ☐ 내사
$8\frac{1}{2}$~$9\frac{1}{2}$	☐ 세부묘사를 정교하게 하기 시작함 ☐ 이야기 순서가 응집력 있고 이미지에 관련되어 있음 ☐ 둘 이상의 대상이 종이 하단이나 선 위에 서 있음	☐ 새로운 방어가 나타 나지 않음
$9\frac{1}{2}$~$10\frac{1}{2}$	☐ 정교한 세부묘사 ☐ 이미지에서 완전한 그림 순서가 나타남	☐ 새로운 방어가 나타 나지 않음
$10\frac{1}{2}$~11+	☐ 정교한 이미지와 이야기 ☐ 현실적인 성숙한 인물	☐ 주지화의 시작* * 알려진 정보가 있거나 관련된 언급을 함
최고수준	<u>$5\frac{1}{2}$~$6\frac{1}{2}$</u> 인지적	<u>$7\frac{1}{2}$~$8\frac{1}{2}$</u> 정서적

[그림 4-8A] 다섯 번째 과제 체크리스트

- 다섯 가지 과제 모두에 대한 평균 인지점수=6세 5개월
- 다섯 가지 과제 모두에 대한 평균 정서점수=5세 10개월

두 영역 모두에서 그는 평균연령에 매우 가깝게 기능하고 있다(인지적 6.37, 정서적 5.10).

1학년

검사에 참여한 초등학교 1학년 학생들은 총 61명이며 평균연령은 7.0211세였다. 이 집단에서 여아는 36명, 남아는 25명이었다.

백인은 41명, 흑인은 10명, 아메리칸 인디언이 2명 그리고 히스패닉이 8명이었다.

이 1학년 학생들을 대상으로 통계검사를 한 뒤 자료분석 결과를 살펴보았다.

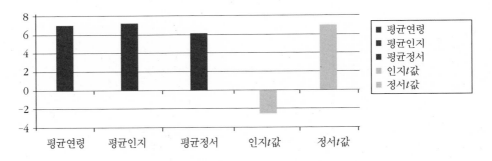

[그림 4-9] 전체 연령, 인지평균, 정서평균 비교 및
전체 인지평균과 정서평균에 대한 양방향 t값

평균 인지점수와 평균 정서점수를 계산하여 연령평균인 7.02와 비교했다. 인지 영역에서 다섯 가지 과제의 평균은 7.32세였고 정서 영역에서는 평균이 6.19세였다. 대응표본을 사용한 T-검증을 수행하여 다섯 가지 과제 모두에 대한 인지 및 정서 영역의 평균과 연령평균을 비교했다. 인지 영역에서 이들 평균 간에는 유의미한 차이가 없었다(t=-2.304). 그러나 정서점수 평균과 연령평균 간에는 .000 수준에서 유의미한 차이가 있었다(t=6.985).

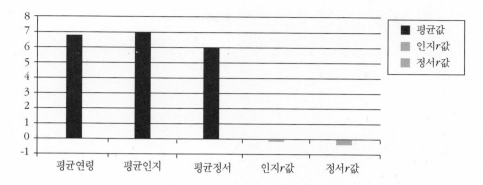

[그림 4-10] 이 평균들을 비교하는 양방향 피어슨 상관분석

　전체 인지평균점수와 전체 정서평균점수에 대한 상관계수는 두 영역 모두에서 유의미하지 않았다. 인지 영역에 대한 상관계수는 -.051이고, 정서 영역에 대한 상관계수는 -.205다.

　앞에서 사용한 통계검사를 사용하여 각 과제에 대해 인지/정서평균과 평균연령을 비교한 결과를 요약해서 다음에 제시했다.

〈표 4-3〉 인지 및 정서 점수에 대한 대응표본 *T*-검증

과제	1	2	3	4	5
인지 t값	-4.198 *NS*	-2.436 *NS*	1.549 *S*	-4.609 *NS*	-2.003 *NS*
정서 t값	7.997 *S*	1.468 *NS*	25.967 *S*	1.074 *S*	.887 *S*

NS=평균연령과 평균 인지/정서점수 사이에 유의미한 차이가 없음
S=평균연령과 평균 인지/정서점수 사이에 유의미한 차이가 있음

〈표 4-4〉 상관관계: 인지점수와 정서점수에 대한 피어슨 상관계수

과제	1	2	3	4	5
인지 r값	.048 *NS*	−.060 *NS*	.053 *NS*	−.072 *NS*	−.083 *NS*
정서 r값	−.105 *NS*	−.223 *NS*	.149 *NS*	−.142 *NS*	−.137 *NS*

NS=평균연령과 평균 인지/정서점수 사이에 유의미한 상관이 없음

어떤 과제에서도 연령평균과 영역평균 사이에 유의미한 상관관계가 없었다.

앞에서 언급한 바와 같이, 난화를 요구하는 세 번째 과제는 퇴행을 유발하기 때문에 대부분의 경우에 정서 영역의 평균점수를 자동적으로 낮추고, 경우에 따라서는 두 영역 모두에서 자동으로 낮춘다는 결론을 내렸다. 따라서 세 번째 과제를 제외한 모든 과제에서 얻은 점수를 사용하여 이 두 가지 검사를 수행했다. 이것은 이후 모든 학년에 대해 실시되었으며, 이후의 학년에 대해서는 동일한 설명을 반복하지 않을 것이다.

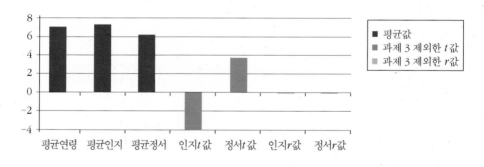

[그림 4-11] 과제 1, 2, 4, 5에 대한 전체 평균, t값, r값

세 번째 과제를 제외한 인지 영역에서의 새로운 평균은 7.4636이었고, 대응표본 T-검증은 연령평균과 인지평균 사이에 유의미한 차이가 없음을 나타냈다(t=−3.573). 정서 영역에서 세 번째 과제를 제외하면 평균은 6.3528이고 t값은 3.762다. 이 값은 두 개의 평균 사이에 유의미한 차이가 있음을 나타낸다.

세 번째 과제를 제외하고 계산된 평균을 사용하여 양방향 피어슨 상관분석을 수행했다. 인지 영역에서는 유의미한 상관관계가 없었다(r=−.098). 정서 영역에서도 유의미한 상관관계가 없었다(r=−.185).

*t*값 중에서 영가설을 지지하는 것은 몇몇 통계자료이지만, 상관분석의 경우 두 영역 모두에서 유의미한 상관관계는 없었다. 그러나 점수를 검토해 보면, 첫 번째와 세 번째 과제에서의 정서점수만 제외하고 모든 평균이 $6\frac{1}{2}$~$7\frac{1}{2}$세 범위에 있으며, 이는 1학년 집단의 평균연령 범위다.

다음은 1학년 아동이 수행한 LECATA의 예다. 비밀보장을 위해 이 아동에게 사용한 코드는 1(학년), 27(이 반에 있었던 피검자 번호) 그리고 M(남아의 경우)이다.

• 1/27/M, 7세 2개월

[그림 4-12] 첫 번째 과제: 자유화. '우리 집'

그는 가족과 함께 자신의 집에 가는 것에 대한 이야기를 들려주었다.
그는 집을 그리고 한쪽 옆에 자신과 엄마를, 다른 쪽에 형제와 자매를 그렸다.

자유화와 이야기

첫 번째 과제 연령	인지적 기준	정서적 기준
$2\frac{1}{2}\sim3\frac{1}{2}$	☐ 난화 ☐ 적어도 하나의 알아볼 수 있는 형태 ☐ 형태에 이름을 붙임 ☐ 형태 속에 형태가 있음 ☐ 이야기에서 형태 관계가 적어도 하나 이상 나타남	☑ 합일화 ☐ 퇴행 ☐ 취소 ☐ 역전 ☐ 부인
$3\frac{1}{2}\sim4\frac{1}{2}$	☐ 둘 이상의 알아볼 수 있는 형태 ☐ 이야기를 원시적이거나 마술적으로 연결	☐ 회피 ☐ 모방
$4\frac{1}{2}\sim5\frac{1}{2}$	☐ 이야기가 있다면 부분적으로 현실이거나 부분적으로 환상 ☐ 자유로운 형태 및 알아볼 수 있는 형태가 균형 잡혀 있음 ☐ 적어도 하나의 인식할 수 있는 대상이 있음	☐ 상징화 ☐ 격리 ☑ 정서격리
$5\frac{1}{2}\sim6\frac{1}{2}$	☐ 인물이 그려졌다면, 성별 차이가 나타남 ☐ 공간 조직화 ☐ 둘 이상의 인식할 수 있는 대상	☐ 동일시 흔적
$6\frac{1}{2}\sim7\frac{1}{2}$	☑ 현실적 비율의 시작 ☑ 대상들 간 현실적 관계의 시작 ☑ 이미지에서 움직임이 나타남 ☐ 이야기에서 순서가 나타남-사실이든 공상이든 ☑ 인물이 그려졌다면 성별이 완전함 ☐ 지시를 구체적으로 따라 함	☑ 동일시 ☐ 억압 ☐ 전위* ☐ 반동형성의 시작* ☐ 합리화의 시작* * 알려진 정보가 있거나 관련된 언급을 함
$7\frac{1}{2}\sim8\frac{1}{2}$	☐ 이미지는 친구, 학교, TV, 영화, 스포츠 등과 관련이 있음 ☐ 대상들 간 현실적인 관계 ☐ 현실적인 비율 ☐ 조망시점의 시작 ☐ 적어도 하나의 대상은 종이 하단 혹은 선 위에 서 있음 ☑ 이야기 순서가 응집력 있음-사실이든 공상이든	☐ 반동형성 ☐ 합리화 ☐ 내사
$8\frac{1}{2}\sim9\frac{1}{2}$	☑ 현실이든 공상이든 명백한 스토리라인 ☑ 세부묘사가 정교해지기 시작함 ☑ 둘 이상의 대상이 종이 하단 혹은 선 위에 서 있음	☐ 새로운 방어가 나타나지 않음
$9\frac{1}{2}\sim10\frac{1}{2}$	☐ 이미지에서 완전한 그림 순서가 나타남 ☐ 정교한 세부묘사	☐ 새로운 방어가 나타나지 않음
$10\frac{1}{2}\sim11+$	☐ 정교한 이미지와 이야기 ☐ 현실적인 성숙한 인물	☐ 주지화의 시작* * 알려진 정보가 있거나 관련된 언급을 함
최고수준	$\underline{8\frac{1}{2}\sim9\frac{1}{2}}$ 인지적	$\underline{6\frac{1}{2}\sim7\frac{1}{2}}$ 정서적

[그림 4-12A] 첫 번째 과제 체크리스트

[그림 4-13] 두 번째 과제: 자화상. '나는 나다'

자화상

두 번째 과제 연령	인지적 기준	정서적 기준
$2\frac{1}{2}\sim3\frac{1}{2}$	☐ 난화 ☐ 형태 속에 형태가 있음 ☐ 형태들을 연결하려는 시도 ☐ 신체 부분을 그리려는 시도 ☐ 신체 부분에 이름을 붙이려는 시도	☐ 합일화 ☐ 퇴행 ☐ 취소 ☐ 역전 ☐ 부인
$3\frac{1}{2}\sim4\frac{1}{2}$	☐ 원시적인 인물상 ☐ 비율이 맞지 않는 신체 부위	☐ 회피 ☐ 모방
$4\frac{1}{2}\sim5\frac{1}{2}$	☐ 거의 모든 신체 부위가 그려짐	☐ 상징화 ☐ 정서격리
$5\frac{1}{2}\sim6\frac{1}{2}$	☐ 성별 차이가 나타남 ☑ 어떤 신체 부위는 다른 부위보다 현실적임	☐ 동일시 흔적
$6\frac{1}{2}\sim7\frac{1}{2}$	☐ 세부묘사의 시작 ☑ 성별이 완전함 ☐ 인물이 잘 정의되어 있음	☑ 동일시 ☐ 억압 ☐ 전위* ☐ 반동형성의 시작* ☐ 합리화의 시작* * 알려진 정보가 있거나 관련된 언급을 함
$7\frac{1}{2}\sim8\frac{1}{2}$	☐ 모든 부분에서 세부묘사 ☑ 적어도 하나의 대상은 종이 하단 혹은 선 위에 서 있음	☐ 반동형성 ☐ 합리화 ☐ 내사
$8\frac{1}{2}\sim9\frac{1}{2}$	☐ 세부묘사를 정교하게 하기 시작함 ☐ 정교한 특징 및 신체 ☐ 현실적인 비율 ☐ 하나 이상의 대상이 종이 하단 혹은 선 위에 서 있음	☐ 새로운 방어가 나타나지 않음
$9\frac{1}{2}\sim10\frac{1}{2}$	☐ 정교한 세부묘사	☐ 새로운 방어가 나타나지 않음
$10\frac{1}{2}\sim11+$	☐ 현실적인 성숙한 인물	☐ 주지화의 시작* * 알려진 정보가 있거나 관련된 언급을 함
최고수준	<u>$7\frac{1}{2}\sim8\frac{1}{2}$</u> 인지적	<u>$6\frac{1}{2}\sim7\frac{1}{2}$</u> 정서적

[그림 4-13A] 두 번째 과제 체크리스트

[그림 4-14] 세 번째 과제: 난화와 난화로부터 그린 것. '많은 단어'

난화와 이미지

세 번째 과제 연령	인지적 기준	정서적 기준
$2\frac{1}{2}$ ~ $3\frac{1}{2}$	☐ 난화선을 그리고 나서 그 위에 선이나 형태를 덧붙임 ☐ 지시를 이해하지 못했을 수 있음	☐ 합일화 ☐ 퇴행 ☐ 취소 ☐ 역전 ☐ 부인
$3\frac{1}{2}$ ~ $4\frac{1}{2}$	☐ 난화선 위에 형태를 그림	☐ 회피 ☐ 모방
$4\frac{1}{2}$ ~ $5\frac{1}{2}$	☐ 난화선을 사용해서 형태 안에 형태를 만들려고 노력함	☑ 상징화 ☑ 격리 ☐ 정서격리
$5\frac{1}{2}$ ~ $6\frac{1}{2}$	☑ 난화에 형태를 더 그리고 이름을 붙임(형태는 인식할 수 없을 수도 있음)	☐ 동일시 흔적
$6\frac{1}{2}$ ~ $7\frac{1}{2}$	☑ 인식할 수 있는 난화 형태를 그리고 이름을 붙임 ☐ 세부묘사의 시작	☐ 동일시 ☐ 억압 ☐ 전위* ☐ 반동형성의 시작* ☐ 합리화의 시작* * 알려진 정보가 있거나 관련된 언급을 함
$7\frac{1}{2}$ ~ $8\frac{1}{2}$	☐ 세부묘사는 환경에 연결되는 것을 반영함	☐ 반동형성 ☐ 합리화 ☐ 내사
$8\frac{1}{2}$ ~ $9\frac{1}{2}$	☐ 정교한 세부묘사 ☐ 계획한 이미지가 난화 전체 혹은 부분에서 나타남	☐ 새로운 방어가 나타나지 않음
$9\frac{1}{2}$ ~ $10\frac{1}{2}$	☐ 완성된 이미지가 난화 전체 혹은 부분에서 나타남	☐ 새로운 방어가 나타나지 않음
$10\frac{1}{2}$ ~ 11+	☐ 이미지의 정교함 ☐ 의도적, 창의적, 창조적	☐ 주지화의 시작* * 알려진 정보가 있거나 관련된 언급을 함
최고수준	$\underline{6\frac{1}{2}~\text{~}~7\frac{1}{2}}$ 인지적	$\underline{4\frac{1}{2}~\text{~}~5\frac{1}{2}}$ 정서적

[그림 4-14A] 세 번째 과제 체크리스트

[그림 4-15] 네 번째 과제: 중요한 장소. '우리 할머니의 집'

그는 그 집이 얼마나 큰지 말하면서 자신들이 그곳으로 이사 갈 것이라고 했다.

중요한 장소

네 번째 과제 연령	인지적 기준	정서적 기준
$2\frac{1}{2}$~$3\frac{1}{2}$	☐ 난화 ☐ 형태 속에 형태가 있음 ☐ 적어도 하나의 인식할 수 있는 형태 ☐ 형태에 이름을 붙임 ☐ 적어도 하나의 형태 관계를 나타내는 언급	☐ 합일화 ☐ 퇴행 ☐ 취소 ☐ 역전 ☐ 부인
$3\frac{1}{2}$~$4\frac{1}{2}$	☐ 둘 이상의 인식할 수 있는 형태 ☐ 이야기를 원시적이거나 마술적으로 연결	☐ 회피 ☐ 모방
$4\frac{1}{2}$~$5\frac{1}{2}$	☐ 이야기가 있다면 부분적으로 현실이거나 부분적으로 환상 ☐ 자유로운 형태 및 알아볼 수 있는 형태가 균형 잡혀 있음 ☐ 적어도 하나의 인식할 수 있는 대상이 있음	☐ 상징화 ☑ 격리 ☑ 정서격리
$5\frac{1}{2}$~$6\frac{1}{2}$	☐ 인물이 그려졌다면, 성별 차이가 나타남 ☐ 공간 조직화 ☐ 둘 이상의 인식할 수 있는 대상	☐ 동일시 흔적
$6\frac{1}{2}$~$7\frac{1}{2}$	☐ 현실적인 비율의 시작 ☐ 대상들 간 현실적 관계의 시작 ☐ 이미지에서 움직임이 나타남 ☐ 이야기에서 순서가 나타남-사실이든 공상이든 ☐ 인물이 그려졌다면 성별이 완전함 ☑ 지시를 구체적으로 따라 함	☐ 동일시 ☐ 억압 ☐ 전위* ☐ 반동형성의 시작* ☐ 합리화의 시작* * 알려진 정보가 있거나 관련된 언급을 함
$7\frac{1}{2}$~$8\frac{1}{2}$	☐ 이미지는 친구, 학교, TV, 영화, 스포츠 등과 관련이 있음 ☐ 대상들 간 현실적인 관계 ☐ 현실적인 비율 ☐ 조망시점의 시작 ☐ 적어도 하나의 대상은 종이 하단 혹은 선 위에 서 있음 ☑ 이야기 순서가 응집력 있음-사실이든 공상이든	☐ 반동형성 ☐ 합리화 ☑ 내사
$8\frac{1}{2}$~$9\frac{1}{2}$	☐ 현실이든 공상이든 명백한 스토리라인 ☐ 세부묘사가 정교해지기 시작함 ☑ 둘 이상의 대상이 종이 하단 혹은 선 위에 서 있음	☐ 새로운 방어가 나타 나지 않음
$9\frac{1}{2}$~$10\frac{1}{2}$	☐ 이미지에서 완전한 그림 순서가 나타남 ☐ 정교한 세부묘사	☐ 새로운 방어가 나타 나지 않음
$10\frac{1}{2}$~11+	☐ 정교한 이미지와 이야기 ☐ 성숙한 인물과 대상	☐ 주지화의 시작* * 알려진 정보가 있거나 관련된 언급을 함
최고수준	<u>$8\frac{1}{2}$~$9\frac{1}{2}$</u> 인지적	<u>$7\frac{1}{2}$~$8\frac{1}{2}$</u> 정서적

[그림 4-15A] 네 번째 과제 체크리스트

[그림 4-16] 다섯 번째 과제: 가족화. '우리 가족'

그는 자신의 여자형제와 자기 자신, 엄마 그리고 남자형제를 그렸고, 어머니에게는 크리스마스 신발을 그려 주었다.

가족화

다섯 번째 과제 연령	인지적 기준	정서적 기준
$2\frac{1}{2}\sim3\frac{1}{2}$	□ 난화 □ 적어도 하나의 인식할 수 있는 형태 □ 형태 속에 형태가 있음 □ 적어도 하나의 형태 관계를 나타내는 언급 □ 과제를 이해했지만, 동물 가족을 그림 □ 아동이 가족 구성원을 그리는 도중에 구성원이 바뀜	□ 합일화 □ 퇴행 □ 취소 □ 역전 □ 부인
$3\frac{1}{2}\sim4\frac{1}{2}$	□ 둘 이상의 인식할 수 있는 형태 □ 이야기를 원시적이거나 마술적으로 연결	□ 회피 □ 모방
$4\frac{1}{2}\sim5\frac{1}{2}$	□ 이야기가 있다면 부분적으로 현실이거나 부분적으로 환상 □ 자유로운 형태 및 알아볼 수 있는 형태가 균형 잡혀 있음 □ 적어도 하나의 인식할 수 있는 대상이 있음 □ 인물이 원시적임	□ 상징화 □ 격리 □ 정서격리
$5\frac{1}{2}\sim6\frac{1}{2}$	□ 성별 차이가 나타남 □ 공간 조직화 □ 둘 이상의 인식할 수 있는 대상 □ 어떤 신체 부위는 다른 부위보다 현실적임	□ 동일시 흔적

$6\frac{1}{2}\sim7\frac{1}{2}$	☑ 인물이 잘 정의되어 있음
	☑ 인물들 간 현실적 관계의 시작
	□ 이미지에서 움직임이 나타남
	□ 이야기에서 순서가 나타남-사실이든 공상이든
	□ 인물의 성별이 완전함
	□ 가족은 사람이라야 하며, 정면을 향하고 있을 수 있고 서로 연결
	   되거나 관계되어 있지 않음
		☑ 동일시
		□ 억압
		□ 전위*
		□ 반동형성의 시작*
		□ 합리화의 시작*
		* 알려진 정보가 있거나 관
		  련된 언급을 함

$7\frac{1}{2}\sim8\frac{1}{2}$	□ 모든 부분에서 세부묘사 □ 적어도 하나의 대상은 종이 하단 혹은 선 위에 서 있음 □ 이야기 순서가 응집력 있음-사실이든 공상이든 □ 조망시점의 시작 ☑ 인물들 간 현실적인 관계 ☑ 현실적인 비율	□ 반동형성 ☑ 합리화 □ 내사
$8\frac{1}{2}\sim9\frac{1}{2}$	□ 세부묘사를 정교하게 하기 시작함 □ 이야기 순서가 응집력 있고 이미지에 관련되어 있음 ☑ 둘 이상의 대상이 종이 하단이나 선 위에 서 있음	□ 새로운 방어가 나타 나지 않음
$9\frac{1}{2}\sim10\frac{1}{2}$	□ 정교한 세부묘사 □ 이미지에서 완전한 그림 순서가 나타남	□ 새로운 방어가 나타 나지 않음
$10\frac{1}{2}\sim11+$	□ 정교한 이미지와 이야기 □ 현실적인 성숙한 인물	□ 주지화의 시작* * 알려진 정보가 있거나 관련된 언급을 함
최고수준	<u>$8\frac{1}{2}\sim9\frac{1}{2}$</u> 인지적	<u>$7\frac{1}{2}\sim8\frac{1}{2}$</u> 정서적

[그림 4-16A] 다섯 번째 과제 체크리스트

전체적으로 이 아동의 평균 인지점수와 정서점수는 그가 8세 수준에서 기능하고 있음을 보여 주는데, 이는 자신의 생활연령보다 1년 더 높고 집단의 평균보다도 높은 수준이다.

결론

이 지역에 있는 여러 학교를 대표하는 1학년 61명에 대해 LECATA의 다섯 가지 과제에서 인지 영역과 정서 영역에서 얻은 평균점수와 이들의 평균연령인 7.02세의 통계적 비교를 통해, 이 아동들이 7.32세라는 연령에 적합한 수준으로 인지적으로 기능하고 있음이 나타났다. 정서적인 수준에서는 그들은 6.19세로 약간 낮게 기능하고 있다.

2학년

검사에 참여한 2학년 학생들은 총 59명이며 평균연령은 7.8614세였다. 이 집단에서 여자는 39명, 남자는 20명이었다. 백인은 45명, 흑인은 5명, 아메리칸 인디언이 1명, 히스패닉이 6명, 아시아계가 1명, 아이티 태생이 1명이었다.

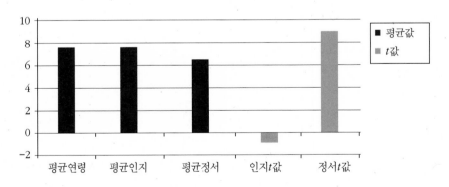

[그림 4-17] 전체 연령, 인지평균, 정서평균 비교 및
전체 인지평균과 정서평균에 대한 양방향 t값

평균 인지점수 및 평균 정서점수를 연령평균값인 7.8614와 비교했다. 인지 영역에서 모든 다섯 가지 과제에 대한 평균은 7.7641세였고, 정서 영역에서는 평균이 6.6714세였다. 대응표본 *T*-검증을 수행하여 다섯 가지 과제에 대한 인지 및 정서 영역의 평균과 연령평균을 비교하였다. 인지 영역에서 이들 평균 간에 유의미한 작은 차이가 있었다(*t*=-1.008). 정서점수 평균과 연령평균 간에는 보다 큰 유의미한 차이가 있었는데, .000 수준에서 유의미했다(*t*=9.474).

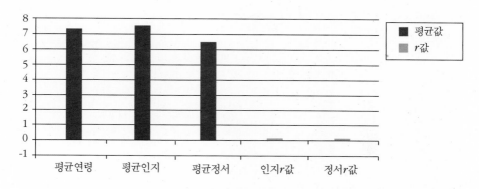

[그림 4-18] 이 평균들을 비교하는 양방향 피어슨 상관분석

평균연령과 비교했을 때 전체 인지평균 점수와 전체 정서평균 점수에 대한 상관계수는 두 영역 모두에서 유의미한 상관관계를 보이지 않았다. 인지 영역에 대한 상관계수는 .126이고, 정서 영역에 대한 상관계수는 .036이다.

앞의 두 가지 동일한 통계적 검사를 이용하여 연령평균을 각 과제의 인지/정서점수 평균과 비교하였으며, 다음에 요약했다.

〈표 4-5〉 인지 및 정서점수에 대한 대응표본 *T*-검증

과제	1	2	3	4	5
인지*t*값	-4.372 *NS*	.288 *NS*	3.612 *S*	-.398 *NS*	1.730 *S*
정서*t*값	6.638 *S*	2.423 *S*	25.984 *S*	2.584 *S*	4.066 *S*

NS=평균연령과 평균 인지/정서점수 사이에 유의미한 차이가 없음
S=평균연령과 평균 인지/정서점수 사이에 유의미한 차이가 있음

〈표 4-6〉 상관관계: 인지점수와 정서점수에 대한 피어슨 상관계수

과제	1	2	3	4	5
인지 r값	.090 *NS*	-.012 *NS*	-.118 *NS*	.103 *NS*	.056 *NS*
정서 r값	.121 *NS*	.058 *NS*	.079 *NS*	.032 *NS*	-.123 *NS*

NS=평균연령과 평균 인지/정서점수 사이에 유의미한 상관이 없음

어떤 과제에서도 연령 및 영역 평균 간에 유의미한 상관관계가 없었다.

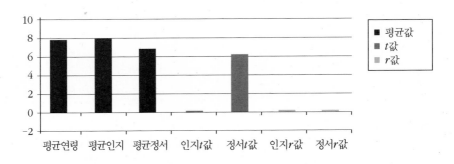

[그림 4-19] 과제 1, 2, 4, 5에 대한 전체 평균, t값, r값

세 번째 과제를 제외한 인지 영역에서의 새로운 평균은 7.8734였고, 대응표본 T-검증은 연령평균과 새로운 인지평균 간에 유의미한 차이를 나타내지 않았다(t=-.117). 정서 영역에서 세 번째 과제를 제외하면 평균은 7.024이고 t값은 6.349였다. 다섯 가지 과제 모두에 대한 평균값보다 더 높았지만 여전히 유의미한 차이가 있었다.

인지 영역에서 영가설을 지지하는 통계 자료가 있지만, 전체 정서평균과 연령평균 간에는 어떠한 유의미한 상관도 없었다.

다섯 가지 과제에 대한 점수들을 검토하면, 과제 1과 과제 4의 인지평균은 실제로 연령평균보다 높았고, 과제 2, 3, 5에서는 약간 낮았다.

정서 영역에서 이 집단의 평균점수는 과제 1과 과제 3에서 현저하게 낮았고, 과제 2, 4, 5에서 다소 낮았다.

다음은 2학년 아동에게 시행되는 LECATA의 예다. 비밀보장을 위해 이 아동에게 주어진 코드는 2(2학년), 39(이 반에 있었던 피검자 번호), M(남아)이다.

• 2/39/M, 7세 11개월

[그림 4-20] 첫 번째 과제: 자유화. '남자가 개에게 원반을 던진다'

그의 이야기는 남자가 어떻게 원반 던지기를 하는지 배우고, 개도 어떻게 이것을 잡으려 점프하는지 배운다는 내용이었다.

자유화와 이야기

첫 번째 과제 / 연령	인지적 기준	정서적 기준
$2\frac{1}{2}\sim3\frac{1}{2}$	☐ 난화 ☐ 적어도 하나의 알아볼 수 있는 형태 ☐ 형태에 이름을 붙임 ☐ 형태 속에 형태가 있음 ☐ 이야기에서 형태 관계가 적어도 하나 이상 나타남	☐ 합일화 ☐ 퇴행 ☐ 취소 ☐ 역전 ☑ 부인
$3\frac{1}{2}\sim4\frac{1}{2}$	☐ 둘 이상의 알아볼 수 있는 형태 ☐ 이야기를 원시적이거나 마술적으로 연결	☐ 회피 ☐ 모방
$4\frac{1}{2}\sim5\frac{1}{2}$	☐ 이야기가 있다면 부분적으로 현실이거나 부분적으로 환상 ☐ 자유로운 형태 및 알아볼 수 있는 형태가 균형 잡혀 있음 ☐ 적어도 하나의 인식할 수 있는 대상이 있음	☐ 상징화 ☐ 격리 ☑ 정서격리
$5\frac{1}{2}\sim6\frac{1}{2}$	☐ 인물이 그려졌다면, 성별 차이가 나타남 ☐ 공간 조직화 ☐ 둘 이상의 인식할 수 있는 대상	☐ 동일시 흔적
$6\frac{1}{2}\sim7\frac{1}{2}$	☐ 현실적 비율의 시작 ☐ 대상들 간 현실적 관계의 시작 ☐ 이미지에서 움직임이 나타남 ☐ 이야기에서 순서가 나타남-사실이든 공상이든 ☑ 인물이 그려졌다면 성별이 완전함 ☐ 지시를 구체적으로 따라 함	☑ 동일시 ☑ 억압 ☐ 전위* ☐ 반동형성의 시작* ☐ 합리화의 시작* * 알려진 정보가 있거나 관련된 언급을 함
$7\frac{1}{2}\sim8\frac{1}{2}$	☐ 이미지는 친구, 학교, TV, 영화, 스포츠 등과 관련이 있음 ☐ 대상들 간 현실적인 관계 ☐ 현실적인 비율 ☐ 조망시점의 시작 ☑ 적어도 하나의 대상은 종이 하단 혹은 선 위에 서 있음 ☐ 이야기 순서가 응집력 있음-사실이든 공상이든	☐ 반동형성 ☐ 합리화 ☐ 내사
$8\frac{1}{2}\sim9\frac{1}{2}$	☐ 현실이든 공상이든 명백한 스토리라인 ☐ 세부묘사가 정교해지기 시작함 ☐ 둘 이상의 대상이 종이 하단 혹은 선 위에 서 있음	☐ 새로운 방어가 나타나지 않음
$9\frac{1}{2}\sim10\frac{1}{2}$	☐ 이미지에서 완전한 그림 순서가 나타남 ☐ 정교한 세부묘사	☐ 새로운 방어가 나타나지 않음
$10\frac{1}{2}\sim11+$	☐ 정교한 이미지와 이야기 ☐ 현실적인 성숙한 인물	☐ 주지화의 시작* * 알려진 정보가 있거나 관련된 언급을 함
최고수준	$7\frac{1}{2}\sim8\frac{1}{2}$ 인지적	$6\frac{1}{2}\sim7\frac{1}{2}$ 정서적

[그림 4-20A] 첫 번째 과제 체크리스트

[그림 4-21] 두 번째 과제: 자화상. '나 자신'

그는 화면의 상단에 완전한 인물상을 그렸다.

자화상

두 번째 과제 연령	인지적 기준	정서적 기준
$2\frac{1}{2}\sim3\frac{1}{2}$	☐ 난화 ☐ 형태 속에 형태가 있음 ☐ 형태들을 연결하려는 시도 ☐ 신체 부분을 그리려는 시도 ☐ 신체 부분에 이름을 붙이려는 시도	☐ 합일화 ☐ 퇴행 ☐ 취소 ☐ 역전 ☐ 부인
$3\frac{1}{2}\sim4\frac{1}{2}$	☐ 원시적인 인물상 ☐ 비율이 맞지 않는 신체 부위	☐ 회피 ☐ 모방
$4\frac{1}{2}\sim5\frac{1}{2}$	☐ 거의 모든 신체 부위가 그려짐	☐ 상징화 ☐ 정서격리
$5\frac{1}{2}\sim6\frac{1}{2}$	☐ 성별 차이가 나타남 ☐ 어떤 신체 부위는 다른 부위보다 현실적임	☐ 동일시 흔적
$6\frac{1}{2}\sim7\frac{1}{2}$	☐ 세부묘사의 시작 ☑ 성별이 완전함 ☐ 인물이 잘 정의되어 있음	☑ 동일시 ☑ 억압 ☐ 전위* ☐ 반동형성의 시작* ☐ 합리화의 시작* * 알려진 정보가 있거나 관련된 언급을 함
$7\frac{1}{2}\sim8\frac{1}{2}$	☐ 모든 부분에서 세부묘사 ☐ 적어도 하나의 대상은 종이 하단 혹은 선 위에 서 있음	☐ 반동형성 ☐ 합리화 ☐ 내사
$8\frac{1}{2}\sim9\frac{1}{2}$	☐ 세부묘사를 정교하게 하기 시작함 ☐ 정교한 특징 및 신체 ☐ 현실적인 비율 ☐ 하나 이상의 대상이 종이 하단 혹은 선 위에 서 있음	☐ 새로운 방어가 나타 나지 않음
$9\frac{1}{2}\sim10\frac{1}{2}$	☐ 정교한 세부묘사	☐ 새로운 방어가 나타 나지 않음
$10\frac{1}{2}\sim11+$	☐ 현실적인 성숙한 인물	☐ 주지화의 시작* * 알려진 정보가 있거나 관련된 언급을 함
최고수준	$\underline{6\frac{1}{2}\sim7\frac{1}{2}}$ 인지적	$\underline{6\frac{1}{2}\sim7\frac{1}{2}}$ 정서적

[그림 4-21A] 두 번째 과제 체크리스트

[그림 4-22] 세 번째 과제: 난화와 난화로부터 그린 것. 'my scribblescabowl'[1]

난화를 파란색으로 그리고 검은색으로 외곽선 형태를 그렸다. 그는 이것이 자동차 같다
고 했다.

---

1) 역자 주: 아동이 만든 단어. 난화(scribble)와 그릇(bowl)을 합쳐서 만든 단어인 듯함.

난화와 이미지

세 번째 과제 연령	인지적 기준	정서적 기준
$2\frac{1}{2}\sim3\frac{1}{2}$	☐ 난화선을 그리고 나서 그 위에 선이나 형태를 덧붙임 ☐ 지시를 이해하지 못했을 수 있음	☐ 합일화 ☐ 퇴행 ☐ 취소 ☐ 역전 ☐ 부인
$3\frac{1}{2}\sim4\frac{1}{2}$	☐ 난화선 위에 형태를 그림	☐ 회피 ☐ 모방
$4\frac{1}{2}\sim5\frac{1}{2}$	☐ 난화선을 사용해서 형태 안에 형태를 만들려고 노력함	☑ 상징화 ☑ 격리 ☑ 정서격리
$5\frac{1}{2}\sim6\frac{1}{2}$	☐ 난화에 형태를 더 그리고 이름을 붙임(형태는 인식할 수 없을 수 도 있음)	☐ 동일시 흔적
$6\frac{1}{2}\sim7\frac{1}{2}$	☐ 인식할 수 있는 난화 형태를 그리고 이름을 붙임 ☐ 세부묘사의 시작	☐ 동일시 ☐ 억압 ☐ 전위* ☐ 반동형성의 시작* ☐ 합리화의 시작* * 알려진 정보가 있거나 관 련된 언급을 함
$7\frac{1}{2}\sim8\frac{1}{2}$	☐ 세부묘사는 환경에 연결되는 것을 반영함	☐ 반동형성 ☐ 합리화 ☐ 내사
$8\frac{1}{2}\sim9\frac{1}{2}$	☐ 정교한 세부묘사 ☑ 계획한 이미지가 난화 전체 혹은 부분에서 나타남	☐ 새로운 방어가 나타 나지 않음
$9\frac{1}{2}\sim10\frac{1}{2}$	☐ 완성된 이미지가 난화 전체 혹은 부분에서 나타남	☐ 새로운 방어가 나타 나지 않음
$10\frac{1}{2}\sim11+$	☐ 이미지의 정교함 ☐ 의도적, 창의적, 창조적	☐ 주지화의 시작* * 알려진 정보가 있거나 관 련된 언급을 함
최고수준	$8\frac{1}{2}\sim9\frac{1}{2}$ 인지적	$4\frac{1}{2}\sim5\frac{1}{2}$ 정서적

[그림 4-22A] 세 번째 과제 체크리스트

[그림 4-23] 네 번째 과제: 중요한 장소. 'Hispital'[2]

그는 많은 창문이 있는 커다란 건물을 그렸고 병원이라고 했다. 그곳은 팔이 부러졌거나 아픈 것 때문에 약을 받으려고 가는 곳이라고 했다. 그는 나중에 앰뷸런스와 들것을 추가했다.

2) 역자 주: 아동이 병원(hospital)의 철자를 'hispital'로 틀리게 썼고, 그대로 제목이 됨.

중요한 장소

네 번째 과제 연령	인지적 기준	정서적 기준
$2\frac{1}{2}$~$3\frac{1}{2}$	☐ 난화 ☐ 형태 속에 형태가 있음 ☐ 적어도 하나의 인식할 수 있는 형태 ☐ 형태에 이름을 붙임 ☐ 적어도 하나의 형태 관계를 나타내는 언급	☐ 합일화 ☐ 퇴행 ☐ 취소 ☐ 역전 ☐ 부인
$3\frac{1}{2}$~$4\frac{1}{2}$	☐ 둘 이상의 인식할 수 있는 형태 ☐ 이야기를 원시적이거나 마술적으로 연결	☐ 회피 ☐ 모방
$4\frac{1}{2}$~$5\frac{1}{2}$	☐ 이야기가 있다면 부분적으로 현실이거나 부분적으로 환상 ☐ 자유로운 형태 및 알아볼 수 있는 형태가 균형 잡혀 있음 ☐ 적어도 하나의 인식할 수 있는 대상이 있음	☑ 상징화 ☑ 격리 ☑ 정서격리
$5\frac{1}{2}$~$6\frac{1}{2}$	☐ 인물이 그려졌다면, 성별 차이가 나타남 ☑ 공간 조직화 ☐ 둘 이상의 인식할 수 있는 대상	☐ 동일시 흔적
$6\frac{1}{2}$~$7\frac{1}{2}$	☐ 현실적인 비율의 시작 ☐ 대상들 간 현실적 관계의 시작 ☐ 이미지에서 움직임이 나타남 ☑ 이야기에서 순서가 나타남-사실이든 공상이든 ☐ 인물이 그려졌다면 성별이 완전함 ☐ 지시를 구체적으로 따라 함	☐ 동일시 ☐ 억압 ☐ 전위* ☐ 반동형성의 시작* ☐ 합리화의 시작* * 알려진 정보가 있거나 관련된 언급을 함
$7\frac{1}{2}$~$8\frac{1}{2}$	☐ 이미지는 친구, 학교, TV, 영화, 스포츠 등과 관련이 있음 ☑ 대상들 간 현실적인 관계 ☐ 현실적인 비율 ☐ 조망시점의 시작 ☐ 적어도 하나의 대상은 종이 하단 혹은 선 위에 서 있음 ☐ 이야기 순서가 응집력 있음-사실이든 공상이든	☐ 반동형성 ☐ 합리화 ☑ 내사
$8\frac{1}{2}$~$9\frac{1}{2}$	☐ 현실이든 공상이든 명백한 스토리라인 ☐ 세부묘사가 정교해지기 시작함 ☐ 둘 이상의 대상이 종이 하단 혹은 선 위에 서 있음	☐ 새로운 방어가 나타나지 않음
$9\frac{1}{2}$~$10\frac{1}{2}$	☐ 이미지에서 완전한 그림 순서가 나타남 ☐ 정교한 세부묘사	☐ 새로운 방어가 나타나지 않음
$10\frac{1}{2}$~11+	☐ 정교한 이미지와 이야기 ☐ 성숙한 인물과 대상	☐ 주지화의 시작* * 알려진 정보가 있거나 관련된 언급을 함
최고수준	<u>$7\frac{1}{2}$~$8\frac{1}{2}$</u> 인지적	<u>$7\frac{1}{2}$~$8\frac{1}{2}$</u> 정서적

[그림 4-23A] 네 번째 과제 체크리스트

[그림 4-24] 다섯 번째 과제: 가족화. '피터, 엄마, 아빠, 조지'

그는 발부터 그리기 시작했다. 아빠를 제일 먼저 그리고, 그다음 형제를 그리고, 세 번째로 엄마를 그리고, 자신은 맨 마지막에 그렸다.

가족화

다섯 번째 과제 연령	인지적 기준	정서적 기준
$2\frac{1}{2}$~$3\frac{1}{2}$	☐ 난화 ☐ 적어도 하나의 인식할 수 있는 형태 ☐ 형태 속에 형태가 있음 ☐ 적어도 하나의 형태 관계를 나타내는 언급 ☐ 과제를 이해했지만, 동물 가족을 그림 ☐ 아동이 가족 구성원을 그리는 도중에 구성원이 바뀜	☐ 합일화 ☐ 퇴행 ☐ 취소 ☐ 역전 ☑ 부인
$3\frac{1}{2}$~$4\frac{1}{2}$	☐ 둘 이상의 인식할 수 있는 형태 ☐ 이야기를 원시적이거나 마술적으로 연결	☐ 회피 ☐ 모방
$4\frac{1}{2}$~$5\frac{1}{2}$	☐ 이야기가 있다면 부분적으로 현실이거나 부분적으로 환상 ☐ 자유로운 형태 및 알아볼 수 있는 형태가 균형 잡혀 있음 ☐ 적어도 하나의 인식할 수 있는 대상이 있음 ☐ 인물이 원시적임	☐ 상징화 ☐ 격리 ☐ 정서격리
$5\frac{1}{2}$~$6\frac{1}{2}$	☐ 성별 차이가 나타남 ☐ 공간 조직화 ☐ 둘 이상의 인식할 수 있는 대상 ☐ 어떤 신체 부위는 다른 부위보다 현실적임	☐ 동일시 흔적
$6\frac{1}{2}$~$7\frac{1}{2}$	☐ 인물이 잘 정의되어 있음 ☐ 인물들 간 현실적 관계의 시작 ☐ 이미지에서 움직임이 나타남 ☐ 이야기에서 순서가 나타남-사실이든 공상이든 ☑ 인물의 성별이 완전함 ☐ 가족은 사람이라야 하며, 정면을 향하고 있을 수 있고 서로 연결 　되거나 관계되어 있지 않음	☑ 동일시 ☑ 억압 ☐ 전위* ☐ 반동형성의 시작* ☐ 합리화의 시작* * 알려진 정보가 있거나 관련된 언급을 함
$7\frac{1}{2}$~$8\frac{1}{2}$	☐ 모든 부분에서 세부묘사 ☐ 적어도 하나의 대상은 종이 하단 혹은 선 위에 서 있음 ☐ 이야기 순서가 응집력 있음-사실이든 공상이든 ☐ 조망시점의 시작 ☐ 인물들 간 현실적인 관계 ☐ 현실적인 비율	☐ 반동형성 ☐ 합리화 ☐ 내사
$8\frac{1}{2}$~$9\frac{1}{2}$	☐ 세부묘사를 정교하게 하기 시작함 ☐ 이야기 순서가 응집력 있고 이미지에 관련되어 있음 ☐ 둘 이상의 대상이 종이 하단이나 선 위에 서 있음	☐ 새로운 방어가 나타나지 않음
$9\frac{1}{2}$~$10\frac{1}{2}$	☐ 정교한 세부묘사 ☐ 이미지에서 완전한 그림 순서가 나타남	☐ 새로운 방어가 나타나지 않음
$10\frac{1}{2}$~11+	☐ 정교한 이미지와 이야기 ☐ 현실적인 성숙한 인물	☐ 주지화의 시작* * 알려진 정보가 있거나 관련된 언급을 함
최고수준	<u>$6\frac{1}{2}$~$7\frac{1}{2}$</u> 인지적	<u>$6\frac{1}{2}$~$7\frac{1}{2}$</u> 정서적

[그림 4-24A] 다섯 번째 과제 체크리스트

다섯 가지 과제에 대한 이 아동의 평균 인지점수는 7세 10개월이며 평균 정서점수는 7세다. 그는 두 영역 모두에서 자신의 연령에 적합하게 기능하고 있으며 이 연령 집단의 표준 범위 자료 내에 있다.

결론

이 지역의 여러 학교를 대표하는 2학년 아동 59명의 평균연령 7.86세와 LECATA의 다섯 가지 과제에서 인지 영역(7.7641)과 정서 영역(6.67)에서 얻은 평균점수를 통계적으로 비교했다. 그래서 이 아동들은 인지적으로는 자신의 연령에 적합한 수준으로 기능하는 것으로 나타났다. 정서적으로는 1년 정도 아래에서 기능하고 있었다. 하지만 반 년 정도의 범위 내로 가까이 있다.

3학년

검사에 참여한 3학년 학생은 총 33명이며 평균연령은 9.1648세였다. 이 집단에서 여자는 16명, 남자는 17명이었다. 33명 중에서 백인은 22명, 흑인은 6명 그리고 히스패닉은 5명이었다.

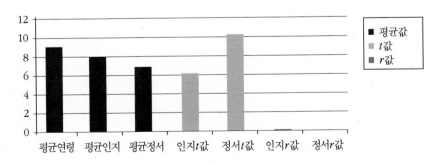

[그림 4-25] 전체 연령, 인지평균, 정서평균 비교 및
전체 인지평균과 정서평균에 대한 양방향 *t*값

평균 인지점수와 평균 정서점수를 연령평균인 9.1648과 비교하고 계산했다. 인지 영역에서 다섯 가지 과제 모두에 대한 평균은 7.9118세였고, 정서 영역에서 평균은 6.9703이었다. 대응표본 T-검증을 사용해서 모든 다섯 가지 과제에 대해 인지 및 정서 영역에서의 평균과 연령평균을 비교했다. 인지 영역의 t값은 6.0644이며, 연령평균과 인지평균 간에는 유의미한 차이가 있었다. 정서 영역에서도 마찬가지였고, t값은 10.399였다.

앞에서 사용한 것과 동일한 통계 검사를 사용하여 각 과제에 대한 인지평균 및 정서평균과 연령평균을 비교하였고, 다음에 그 결과가 요약되어 있다.

⟨표 4-7⟩ 인지 및 정서 점수에 대한 대응표본 T-검증

과제	1	2	3	4	5
인지t값	3.176 S	3.897 S	5.278 S	5.465 S	5.445 S
정서t값	9.475 S	4.443 S	26.157 S	5.751 S	6.485 S

S=평균연령과 평균 인지/정서점수 사이에 유의미한 차이가 있음

⟨표 4-8⟩ 상관관계: 인지점수와 정서점수에 대한 피어슨 상관계수

과제	1	2	3	4	5
인지r값	-.044 NS	-.106 NS	-.108 NS	-.072 NS	-.071 NS
정서r값	-.4705 NS	-.102 NS	-.029 NS	-.023 NS	-.113 NS

NS=평균연령과 평균 인지/정서점수 사이에 유의미한 상관이 없음

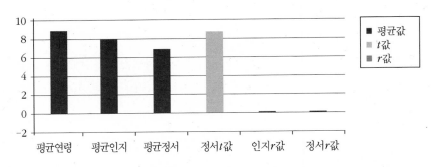

[그림 4-26] 과제 1, 2, 4, 5에 대한 전체 평균, t값, r값

모든 과제 중에서 가장 퇴행적이라고 여겨지는 세 번째 과제를 제외하면, 두 영역의 t값과 r값의 변화가 거의 없음을 알 수 있다. 인지t값은 5.724이며, 인지평균과 연령평균 간에 유의미한 차이를 나타냈다. 정서 영역에서 t값은 8.700이며 이 또한 유의미하다. 두 영역의 r값은 연령평균과 인지 및 정서 평균 사이에 유의미한 상관관계가 없음을 나타냈다. LECATA 점수라는 측면에서 살펴보면, 연령평균(9.1648)과 인지평균(8.0518) 사이에 단지 1년 차이가 있었다. 하지만 정서 영역에서의 차이는 거의 2년 정도이며 정서평균은 7.3448이었다.

결론

3학년 대상자들의 자료는 영가설을 지지하는 통계적 증거를 제공하지 않는다. 인지 영역에서의 차이는 LECATA의 정상적인 매개 변수 내에 있지만, 정서 영역의 발달수준 차이는 상당히 낮다. 이러한 결과는 알려진 규준에 관해 많은 질문을 제기하며, 이는 마지막 장에서 논의하게 될 것이다.

다음은 3학년 아동에게 실시된 LECATA의 예다. 비밀보장을 위해 이 아동의 코드는 3(3학년), 31(해당 학년의 피검자 번호), F(여아)가 된다.

• 3/31/F, 8세 11개월

[그림 4-27] 첫 번째 과제: 자유화. '나의 크리스마스 트리'

그녀는 크리스마스를 좋아하고 트리에 예쁜 장식물이 있어서 이것을 그렸다고 한다.

자유화와 이야기

첫 번째 과제 연령	인지적 기준	정서적 기준
$2\frac{1}{2}\sim3\frac{1}{2}$	☐ 난화 ☐ 적어도 하나의 알아볼 수 있는 형태 ☐ 형태에 이름을 붙임 ☐ 형태 속에 형태가 있음 ☐ 이야기에서 형태 관계가 적어도 하나 이상 나타남	☐ 합일화 ☐ 퇴행 ☐ 취소 ☐ 역전 ☐ 부인
$3\frac{1}{2}\sim4\frac{1}{2}$	☐ 둘 이상의 알아볼 수 있는 형태 ☐ 이야기를 원시적이거나 마술적으로 연결	☐ 회피 ☐ 모방
$4\frac{1}{2}\sim5\frac{1}{2}$	☐ 이야기가 있다면 부분적으로 현실이거나 부분적으로 환상 ☐ 자유로운 형태 및 알아볼 수 있는 형태가 균형 잡혀 있음 ☐ 적어도 하나의 인식할 수 있는 대상이 있음	☑ 상징화 ☑ 격리 ☑ 정서격리
$5\frac{1}{2}\sim6\frac{1}{2}$	☐ 인물이 그려졌다면, 성별 차이가 나타남 ☐ 공간 조직화 ☐ 둘 이상의 인식할 수 있는 대상	☐ 동일시 흔적
$6\frac{1}{2}\sim7\frac{1}{2}$	☑ 현실적 비율의 시작 ☐ 대상들 간 현실적 관계의 시작 ☐ 이미지에서 움직임이 나타남 ☐ 이야기에서 순서가 나타남-사실이든 공상이든 ☐ 인물이 그려졌다면 성별이 완전함 ☑ 지시를 구체적으로 따라 함	☐ 동일시 ☐ 억압 ☐ 전위* ☐ 반동형성의 시작* ☐ 합리화의 시작* * 알려진 정보가 있거나 관련된 언급을 함
$7\frac{1}{2}\sim8\frac{1}{2}$	☑ 이미지는 친구, 학교, TV, 영화, 스포츠 등과 관련이 있음 ☐ 대상들 간 현실적인 관계 ☐ 현실적인 비율 ☐ 조망시점의 시작 ☐ 적어도 하나의 대상은 종이 하단 혹은 선 위에 서 있음 ☑ 이야기 순서가 응집력 있음-사실이든 공상이든	☐ 반동형성 ☐ 합리화 ☐ 내사
$8\frac{1}{2}\sim9\frac{1}{2}$	☐ 현실이든 공상이든 명백한 스토리라인 ☐ 세부묘사가 정교해지기 시작함 ☐ 둘 이상의 대상이 종이 하단 혹은 선 위에 서 있음	☐ 새로운 방어가 나타나지 않음
$9\frac{1}{2}\sim10\frac{1}{2}$	☐ 이미지에서 완전한 그림 순서가 나타남 ☐ 정교한 세부묘사	☐ 새로운 방어가 나타나지 않음
$10\frac{1}{2}\sim11+$	☐ 정교한 이미지와 이야기 ☐ 현실적인 성숙한 인물	☐ 주지화의 시작* * 알려진 정보가 있거나 관련된 언급을 함
최고수준	$7\frac{1}{2}\sim8\frac{1}{2}$ 인지적	$4\frac{1}{2}\sim5\frac{1}{2}$ 정서적

[그림 4-27A] 첫 번째 과제 체크리스트

[그림 4-28] 두 번째 과제: 자화상. '나의 자화상'

자화상

두 번째 과제 / 연령	인지적 기준	정서적 기준
$2\frac{1}{2}\sim3\frac{1}{2}$	☐ 난화 ☐ 형태 속에 형태가 있음 ☐ 형태들을 연결하려는 시도 ☐ 신체 부분을 그리려는 시도 ☐ 신체 부분에 이름을 붙이려는 시도	☐ 합일화 ☐ 퇴행 ☐ 취소 ☐ 역전 ☐ 부인
$3\frac{1}{2}\sim4\frac{1}{2}$	☐ 원시적인 인물상 ☐ 비율이 맞지 않는 신체 부위	☐ 회피 ☐ 모방
$4\frac{1}{2}\sim5\frac{1}{2}$	☐ 거의 모든 신체 부위가 그려짐	☐ 상징화 ☑ 정서격리
$5\frac{1}{2}\sim6\frac{1}{2}$	☐ 성별 차이가 나타남 ☐ 어떤 신체 부위는 다른 부위보다 현실적임	☐ 동일시 흔적
$6\frac{1}{2}\sim7\frac{1}{2}$	☐ 세부묘사의 시작 ☑ 성별이 완전함 ☑ 인물이 잘 정의되어 있음	☑ 동일시 ☐ 억압 ☐ 전위* ☐ 반동형성의 시작* ☐ 합리화의 시작* * 알려진 정보가 있거나 관련된 언급을 함
$7\frac{1}{2}\sim8\frac{1}{2}$	☑ 모든 부분에서 세부묘사 ☐ 적어도 하나의 대상은 종이 하단 혹은 선 위에 서 있음	☐ 반동형성 ☐ 합리화 ☐ 내사
$8\frac{1}{2}\sim9\frac{1}{2}$	☐ 세부묘사를 정교하게 하기 시작함 ☐ 정교한 특징 및 신체 ☐ 현실적인 비율 ☐ 하나 이상의 대상이 종이 하단 혹은 선 위에 서 있음	☐ 새로운 방어가 나타나지 않음
$9\frac{1}{2}\sim10\frac{1}{2}$	☐ 정교한 세부묘사	☐ 새로운 방어가 나타나지 않음
$10\frac{1}{2}\sim11+$	☐ 현실적인 성숙한 인물	☐ 주지화의 시작* * 알려진 정보가 있거나 관련된 언급을 함
최고수준	<u>$7\frac{1}{2}\sim8\frac{1}{2}$</u> 인지적	<u>$6\frac{1}{2}\sim7\frac{1}{2}$</u> 정서적

[그림 4-28A] 두 번째 과제 체크리스트

[그림 4-29] 세 번째 과제: 난화와 난화로부터 그린 것. '난화'

그녀는 보라색으로 난화선을 그렸다. 회색으로 원을 그리고, 빨간색으로 물결무늬를 그렸으며, 커다란 모양을 보더니 "땅처럼 보인다."라고 했다.

난화와 이미지

세 번째 과제 연령	인지적 기준	정서적 기준
$2\frac{1}{2} \sim 3\frac{1}{2}$	□ 난화선을 그리고 나서 그 위에 선이나 형태를 덧붙임 □ 지시를 이해하지 못했을 수 있음	□ 합일화 □ 퇴행 □ 취소 □ 역전 □ 부인
$3\frac{1}{2} \sim 4\frac{1}{2}$	□ 난화선 위에 형태를 그림	□ 회피 □ 모방
$4\frac{1}{2} \sim 5\frac{1}{2}$	□ 난화선을 사용해서 형태 안에 형태를 만들려고 노력함	☑ 상징화 ☑ 격리 □ 정서격리
$5\frac{1}{2} \sim 6\frac{1}{2}$	□ 난화에 형태를 더 그리고 이름을 붙임(형태는 인식할 수 없을 수 도 있음)	□ 동일시 흔적
$6\frac{1}{2} \sim 7\frac{1}{2}$	☑ 인식할 수 있는 난화 형태를 그리고 이름을 붙임 ☑ 세부묘사의 시작	□ 동일시 □ 억압 □ 전위* □ 반동형성의 시작* □ 합리화의 시작* * 알려진 정보가 있거나 관 련된 언급을 함
$7\frac{1}{2} \sim 8\frac{1}{2}$	□ 세부묘사는 환경에 연결되는 것을 반영함	□ 반동형성 □ 합리화 □ 내사
$8\frac{1}{2} \sim 9\frac{1}{2}$	□ 정교한 세부묘사 □ 계획한 이미지가 난화 전체 혹은 부분에서 나타남	□ 새로운 방어가 나타 나지 않음
$9\frac{1}{2} \sim 10\frac{1}{2}$	□ 완성된 이미지가 난화 전체 혹은 부분에서 나타남	□ 새로운 방어가 나타 나지 않음
$10\frac{1}{2} \sim 11+$	□ 이미지의 정교함 □ 의도적, 창의적, 창조적	□ 주지화의 시작* * 알려진 정보가 있거나 관 련된 언급을 함
최고수준	$6\frac{1}{2} \sim 7\frac{1}{2}$ 인지적	$4\frac{1}{2} \sim 5\frac{1}{2}$ 정서적

[그림 4-29A] 세 번째 과제 체크리스트

[그림 4-30] 네 번째 과제: 중요한 장소. '내 침실'

그녀는 아빠가 그녀의 책장과 다른 가구들을 페인트칠하는 것을 도왔다.

중요한 장소

네 번째 과제 / 연령	인지적 기준	정서적 기준
$2\frac{1}{2}\sim3\frac{1}{2}$	☐ 난화 ☐ 형태 속에 형태가 있음 ☐ 적어도 하나의 인식할 수 있는 형태 ☐ 형태에 이름을 붙임 ☐ 적어도 하나의 형태 관계를 나타내는 언급	☐ 합일화 ☐ 퇴행 ☐ 취소 ☐ 역전 ☐ 부인
$3\frac{1}{2}\sim4\frac{1}{2}$	☐ 둘 이상의 인식할 수 있는 형태 ☐ 이야기를 원시적이거나 마술적으로 연결	☐ 회피 ☐ 모방
$4\frac{1}{2}\sim5\frac{1}{2}$	☐ 이야기가 있다면 부분적으로 현실이거나 부분적으로 환상 ☐ 자유로운 형태 및 알아볼 수 있는 형태가 균형 잡혀 있음 ☐ 적어도 하나의 인식할 수 있는 대상이 있음	☐ 상징화 ☐ 격리 ☐ 정서격리
$5\frac{1}{2}\sim6\frac{1}{2}$	☐ 인물이 그려졌다면, 성별 차이가 나타남 ☐ 공간 조직화 ☑ 둘 이상의 인식할 수 있는 대상	☐ 동일시 흔적
$6\frac{1}{2}\sim7\frac{1}{2}$	☐ 현실적인 비율의 시작 ☐ 대상들 간 현실적 관계의 시작 ☐ 이미지에서 움직임이 나타남 ☐ 이야기에서 순서가 나타남-사실이든 공상이든 ☐ 인물이 그려졌다면 성별이 완전함 ☐ 지시를 구체적으로 따라 함	☐ 동일시 ☐ 억압 ☐ 전위* ☐ 반동형성의 시작* ☐ 합리화의 시작* * 알려진 정보가 있거나 관련된 언급을 함
$7\frac{1}{2}\sim8\frac{1}{2}$	☑ 이미지는 친구, 학교, TV, 영화, 스포츠 등과 관련이 있음 ☑ 대상들 간 현실적인 관계 ☐ 현실적인 비율 ☑ 조망시점의 시작 ☐ 적어도 하나의 대상은 종이 하단 혹은 선 위에 서 있음 ☐ 이야기 순서가 응집력 있음-사실이든 공상이든	☐ 반동형성 ☐ 합리화 ☑ 내사
$8\frac{1}{2}\sim9\frac{1}{2}$	☑ 현실이든 공상이든 명백한 스토리라인 ☑ 세부묘사가 정교해지기 시작함 ☐ 둘 이상의 대상이 종이 하단 혹은 선 위에 서 있음	☐ 새로운 방어가 나타나지 않음
$9\frac{1}{2}\sim10\frac{1}{2}$	☐ 이미지에서 완전한 그림 순서가 나타남 ☐ 정교한 세부묘사	☐ 새로운 방어가 나타나지 않음
$10\frac{1}{2}\sim11+$	☐ 정교한 이미지와 이야기 ☐ 성숙한 인물과 대상	☐ 주지화의 시작* * 알려진 정보가 있거나 관련된 언급을 함
최고수준	$8\frac{1}{2}\sim9\frac{1}{2}$ 인지적	$7\frac{1}{2}\sim8\frac{1}{2}$ 정서적

[그림 4-30A] 네 번째 과제 체크리스트

[그림 4-31] 다섯 번째 과제: 가족화. '내 가족'

그녀는 형제를 먼저 그렸고, 두 번째로 엄마를, 세 번째로 자신을, 그다음 아빠를, 마지막으로 개를 그렸다. 모든 대상은 검은색으로 외곽선을 그렸다.

가족화

다섯 번째 과제 연령	인지적 기준	정서적 기준
$2\frac{1}{2}$~$3\frac{1}{2}$	□ 난화 □ 적어도 하나의 인식할 수 있는 형태 □ 형태 속에 형태가 있음 □ 적어도 하나의 형태 관계를 나타내는 언급 □ 과제를 이해했지만, 동물 가족을 그림 □ 아동이 가족 구성원을 그리는 도중에 구성원이 바뀜	□ 합일화 □ 퇴행 □ 취소 □ 역전 □ 부인
$3\frac{1}{2}$~$4\frac{1}{2}$	□ 둘 이상의 인식할 수 있는 형태 □ 이야기를 원시적이거나 마술적으로 연결	□ 회피 □ 모방
$4\frac{1}{2}$~$5\frac{1}{2}$	□ 이야기가 있다면 부분적으로 현실이거나 부분적으로 환상 □ 자유로운 형태 및 알아볼 수 있는 형태가 균형 잡혀 있음 □ 적어도 하나의 인식할 수 있는 대상이 있음 □ 인물이 원시적임	□ 상징화 □ 격리 ☑ 정서격리
$5\frac{1}{2}$~$6\frac{1}{2}$	□ 성별 차이가 나타남 ☑ 공간 조직화 □ 둘 이상의 인식할 수 있는 대상 □ 어떤 신체 부위는 다른 부위보다 현실적임	□ 동일시 흔적
$6\frac{1}{2}$~$7\frac{1}{2}$	☑ 인물이 잘 정의되어 있음 □ 인물들 간 현실적 관계의 시작 ☑ 이미지에서 움직임이 나타남 □ 이야기에서 순서가 나타남-사실이든 공상이든 ☑ 인물의 성별이 완전함 □ 가족은 사람이라야 하며, 정면을 향하고 있을 수 있고 서로 연결 되거나 관계되어 있지 않음	☑ 동일시 ☑ 억압 □ 전위* □ 반동형성의 시작* □ 합리화의 시작* * 알려진 정보가 있거나 관 련된 언급을 함
$7\frac{1}{2}$~$8\frac{1}{2}$	☑ 모든 부분에서 세부묘사 □ 적어도 하나의 대상은 종이 하단 혹은 선 위에 서 있음 □ 이야기 순서가 응집력 있음-사실이든 공상이든 □ 조망시점의 시작 □ 인물들 간 현실적인 관계 □ 현실적인 비율	□ 반동형성 □ 합리화 □ 내사
$8\frac{1}{2}$~$9\frac{1}{2}$	□ 세부묘사를 정교하게 하기 시작함 □ 이야기 순서가 응집력 있고 이미지에 관련되어 있음 □ 둘 이상의 대상이 종이 하단이나 선 위에 서 있음	□ 새로운 방어가 나타 나지 않음
$9\frac{1}{2}$~$10\frac{1}{2}$	□ 정교한 세부묘사 □ 이미지에서 완전한 그림 순서가 나타남	□ 새로운 방어가 나타 나지 않음
$10\frac{1}{2}$~11+	□ 정교한 이미지와 이야기 □ 현실적인 성숙한 인물	□ 주지화의 시작* * 알려진 정보가 있거나 관련된 언급을 함
최고수준	$\underline{7\frac{1}{2}\text{~}8\frac{1}{2}}$ 인지적	$\underline{6\frac{1}{2}\text{~}7\frac{1}{2}}$ 정서적

[그림 4-31A] 다섯 번째 과제 체크리스트

그녀의 전반적인 인지점수는 8세이며 정서점수는 7세다.

인지적으로 그녀는 자신의 생활연령 범위에서 기능을 발휘하지만, 정서적으로는 2년 정도 아래에 있다. 그러나 일부 과제에서는 나이에 맞게 수행할 수 있었다.

4학년

4학년에서는 47명의 정상 아동이 검사를 받았다. 여아 26명, 남아 21명이었다. 이 집단에서 백인은 29명, 흑인은 2명, 히스패닉은 10명, 아이티 태생 혹은 아시아계는 6명이었다.

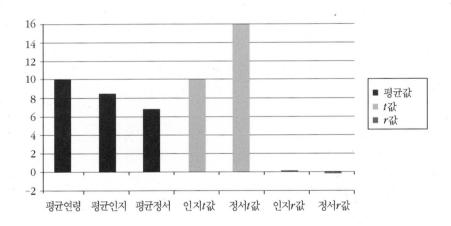

[그림 4-32] 전체 연령평균, 인지 영역 평균, 정서 영역 평균 및 인지 영역과 정서 영역에 대한 *t*값과 *r*값

다섯 가지 과제 모두에 대한 평균 인지점수와 평균 정서점수를 계산하여 연령평균인 9.9641점과 비교하였다. 대응표본 T-검증과 피어슨 상관분석을 수행하여 인지평균, 정서평균, 연령평균 간의 관계를 조사했다.

인지평균 8.5257의 *t*값은 9.691이며, 인지평균과 연령평균 사이에 유의미한 차이가 있음을 나타낸다. 정서 영역의 평균은 7.1392로 *t*값은 15.942이며, 정서평균과 연령평균 간에 유의미한 차이가 있음을 나타낸다.

인지 영역에 대한 r값은 .078이며, 정서 영역에 대한 r값은 −.020이다. 연령평균과 인지 또는 정서 영역 간에는 유의미한 상관관계가 없었다.

앞에서 사용한 통계검사를 사용해서 각 과제에 대한 인지평균 및 정서평균과 연령평균을 비교하였고, 이는 다음에 요약되어 있다.

〈표 4-9〉 인지 및 정서 점수에 대한 대응표본 T-검증

과제	1	2	3	4	5
인지t값	3.525 S	3.346 S	6.670 S	6.294 S	8.831 S
정서t값	12.849 S	8.994 S	15.767 S	6.682 S	9.628 S

S=평균연령과 평균 인지/정서점수 사이에 유의미한 차이가 있음

〈표 4-10〉 상관관계: 인지점수와 정서점수에 대한 피어슨 상관계수

과제	1	2	3	4	5
인지r값	.108 NS	.284 NS	−.118 NS	.174 NS	−.051 NS
정서r값	.048 NS	.070 NS	−.209 NS	.100 NS	−.084 NS

NS=평균연령과 평균 인지/정서점수 사이에 유의미한 상관이 없음

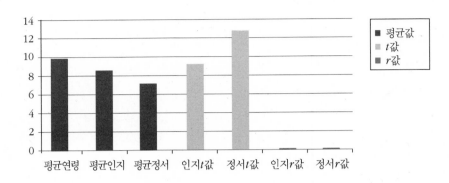

[그림 4-33] 과제 1, 2, 4, 5에 대한 전체 평균, *t*값, *r*값

세 번째 과제를 제외하면 전반적인 인지평균이 8.5257에서 8.7385로 향상되었지만 *t*값에서의 차이가 미미하다. 전체 다섯 가지 과제에 대한 인지*t*값은 9.691이고 세 번째 과제를 제외했을 때 9.573인데, 인지평균과 연령평균 간의 차이는 여전히 유의미하다. 다섯 가지 과제 모두에 대한 인지*r*값은 .078이지만, 세 번째 과제를 제외하는 경우 인지*r*값은 .151이다. 이 영역에서 유의미한 상관관계는 없었다.

정서 영역에서도 결과는 동일하다. 다섯 가지 과제의 경우 *t*값은 15.942이고, 세 번째 과제를 제외한 네 가지 과제의 경우 *t*값은 12.738이었다. 여전히 연령평균과 정서평균 간에는 유의미한 차이가 있었다. 피어슨 상관계수를 계산했을 때, 다섯 가지 과제에 대한 *r*값은 −.020이었고, 세 번째 과제를 제외하고 네 가지 과제에 대한 *r*값은 .021이었다. 이들 평균 간에 유의미한 상관은 없었다.

결론

4학년 대상자들의 자료는 3학년과 마찬가지로 영가설을 지지하는 통계적 증거를 제공하지 않는다. 여기에서도 인지 영역의 차이는 LECATA의 정상적인 매개변수 내에 있으며, 정서 영역의 발달수준은 연령평균보다 2년 낮았다. 앞에서 언급했듯이, 두 영역에 나타난 예상치 못한 수행수준에 대해서는 결론 장에서 다루게 될 것이다.

다음은 4학년 아동에게 시행된 LECATA의 예다. 비밀보장을 위해 이 피검자에게 주어진 코드는 4(4학년), 46(이 학년에서의 피검자 번호), M(남아)가 된다.

• 4/46/M, 9세 10개월

[그림 4-34] 첫 번째 과제: 자유화. '나비세계로의 여행'

그는 그곳에 여행을 갔던 이야기를 매우 일관성 있게 들려주었다.

자유화와 이야기

첫 번째 과제 연령	인지적 기준	정서적 기준
$2\frac{1}{2} \sim 3\frac{1}{2}$	☐ 난화 ☐ 적어도 하나의 알아볼 수 있는 형태 ☐ 형태에 이름을 붙임 ☐ 형태 속에 형태가 있음 ☐ 이야기에서 형태 관계가 적어도 하나 이상 나타남	☐ 합일화 ☐ 퇴행 ☐ 취소 ☐ 역전 ☐ 부인
$3\frac{1}{2} \sim 4\frac{1}{2}$	☐ 둘 이상의 알아볼 수 있는 형태 ☐ 이야기를 원시적이거나 마술적으로 연결	☐ 회피 ☐ 모방
$4\frac{1}{2} \sim 5\frac{1}{2}$	☐ 이야기가 있다면 부분적으로 현실이거나 부분적으로 환상 ☐ 자유로운 형태 및 알아볼 수 있는 형태가 균형 잡혀 있음 ☐ 적어도 하나의 인식할 수 있는 대상이 있음	☐ 상징화 ☑ 격리 ☑ 정서격리
$5\frac{1}{2} \sim 6\frac{1}{2}$	☐ 인물이 그려졌다면, 성별 차이가 나타남 ☐ 공간 조직화 ☐ 둘 이상의 인식할 수 있는 대상	☐ 동일시 흔적
$6\frac{1}{2} \sim 7\frac{1}{2}$	☐ 현실적 비율의 시작 ☐ 대상들 간 현실적 관계의 시작 ☐ 이미지에서 움직임이 나타남 ☐ 이야기에서 순서가 나타남-사실이든 공상이든 ☐ 인물이 그려졌다면 성별이 완전함 ☑ 지시를 구체적으로 따라 함	☐ 동일시 ☐ 억압 ☐ 전위* ☐ 반동형성의 시작* ☐ 합리화의 시작* * 알려진 정보가 있거나 관 련된 언급을 함
$7\frac{1}{2} \sim 8\frac{1}{2}$	☐ 이미지는 친구, 학교, TV, 영화, 스포츠 등과 관련이 있음 ☐ 대상들 간 현실적인 관계 ☐ 현실적인 비율 ☐ 조망시점의 시작 ☑ 적어도 하나의 대상은 종이 하단 혹은 선 위에 서 있음 ☐ 이야기 순서가 응집력 있음-사실이든 공상이든	☐ 반동형성 ☐ 합리화 ☐ 내사
$8\frac{1}{2} \sim 9\frac{1}{2}$	☐ 현실이든 공상이든 명백한 스토리라인 ☐ 세부묘사가 정교해지기 시작함 ☑ 둘 이상의 대상이 종이 하단 혹은 선 위에 서 있음	☐ 새로운 방어가 나타 나지 않음
$9\frac{1}{2} \sim 10\frac{1}{2}$	☐ 이미지에서 완전한 그림 순서가 나타남 ☐ 정교한 세부묘사	☐ 새로운 방어가 나타 나지 않음
$10\frac{1}{2} \sim 11+$	☐ 정교한 이미지와 이야기 ☐ 현실적인 성숙한 인물	☐ 주지화의 시작* * 알려진 정보가 있거나 관 련된 언급을 함
최고수준	<u>$8\frac{1}{2} \sim 9\frac{1}{2}$</u> 인지적	<u>$4\frac{1}{2} \sim 5\frac{1}{2}$</u> 정서적

[그림 4-34A] 첫 번째 과제 체크리스트

[그림 4-35] 두 번째 과제: 자화상. '바닷가로의 여행'

자화상

두 번째 과제 연령	인지적 기준	정서적 기준
$2\frac{1}{2}\sim3\frac{1}{2}$	☐ 난화 ☐ 형태 속에 형태가 있음 ☐ 형태들을 연결하려는 시도 ☐ 신체 부분을 그리려는 시도 ☐ 신체 부분에 이름을 붙이려는 시도	☐ 합일화 ☐ 퇴행 ☐ 취소 ☐ 역전 ☐ 부인
$3\frac{1}{2}\sim4\frac{1}{2}$	☐ 원시적인 인물상 ☐ 비율이 맞지 않는 신체 부위	☐ 회피 ☐ 모방
$4\frac{1}{2}\sim5\frac{1}{2}$	☐ 거의 모든 신체 부위가 그려짐	☐ 상징화 ☑ 정서격리
$5\frac{1}{2}\sim6\frac{1}{2}$	☐ 성별 차이가 나타남 ☐ 어떤 신체 부위는 다른 부위보다 현실적임	☐ 동일시 흔적
$6\frac{1}{2}\sim7\frac{1}{2}$	☐ 세부묘사의 시작 ☑ 성별이 완전함 ☐ 인물이 잘 정의되어 있음	☑ 동일시 ☐ 억압 ☐ 전위* ☐ 반동형성의 시작* ☐ 합리화의 시작* * 알려진 정보가 있거나 관련된 언급을 함
$7\frac{1}{2}\sim8\frac{1}{2}$	☑ 모든 부분에서 세부묘사 ☐ 적어도 하나의 대상은 종이 하단 혹은 선 위에 서 있음	☐ 반동형성 ☐ 합리화 ☐ 내사
$8\frac{1}{2}\sim9\frac{1}{2}$	☐ 세부묘사를 정교하게 하기 시작함 ☐ 정교한 특징 및 신체 ☐ 현실적인 비율 ☐ 하나 이상의 대상이 종이 하단 혹은 선 위에 서 있음	☐ 새로운 방어가 나타나지 않음
$9\frac{1}{2}\sim10\frac{1}{2}$	☐ 정교한 세부묘사	☐ 새로운 방어가 나타나지 않음
$10\frac{1}{2}\sim11+$	☐ 현실적인 성숙한 인물	☐ 주지화의 시작* * 알려진 정보가 있거나 관련된 언급을 함
최고수준	$7\frac{1}{2}\sim8\frac{1}{2}$ 인지적	$6\frac{1}{2}\sim7\frac{1}{2}$ 정서적

[그림 4-35A] 두 번째 과제 체크리스트

[그림 4-36] 세 번째 과제: 난화와 난화로부터 그린 것. '에어컨 환기구'

난화와 이미지

세 번째 과제 연령	인지적 기준	정서적 기준
$2\frac{1}{2}\sim3\frac{1}{2}$	☐ 난화선을 그리고 나서 그 위에 선이나 형태를 덧붙임 ☐ 지시를 이해하지 못했을 수 있음	☐ 합일화 ☐ 퇴행 ☐ 취소 ☐ 역전 ☐ 부인
$3\frac{1}{2}\sim4\frac{1}{2}$	☐ 난화선 위에 형태를 그림	☐ 회피 ☐ 모방
$4\frac{1}{2}\sim5\frac{1}{2}$	☐ 난화선을 사용해서 형태 안에 형태를 만들려고 노력함	☐ 상징화 ☐ 격리 ☐ 정서격리
$5\frac{1}{2}\sim6\frac{1}{2}$	☐ 난화에 형태를 더 그리고 이름을 붙임(형태는 인식할 수 없을 수도 있음)	☐ 동일시 흔적
$6\frac{1}{2}\sim7\frac{1}{2}$	☐ 인식할 수 있는 난화 형태를 그리고 이름을 붙임 ☐ 세부묘사의 시작	☐ 동일시 ☐ 억압 ☐ 전위* ☐ 반동형성의 시작* ☐ 합리화의 시작* * 알려진 정보가 있거나 관련된 언급을 함
$7\frac{1}{2}\sim8\frac{1}{2}$	☐ 세부묘사는 환경에 연결되는 것을 반영함	☐ 반동형성 ☐ 합리화 ☐ 내사
$8\frac{1}{2}\sim9\frac{1}{2}$	☐ 정교한 세부묘사 ☑ 계획한 이미지가 난화 전체 혹은 부분에서 나타남	☐ 새로운 방어가 나타나지 않음
$9\frac{1}{2}\sim10\frac{1}{2}$	☐ 완성된 이미지가 난화 전체 혹은 부분에서 나타남	☐ 새로운 방어가 나타나지 않음
$10\frac{1}{2}\sim11+$	☐ 이미지의 정교함 ☐ 의도적, 창의적, 창조적	☑ 주지화의 시작* * 알려진 정보가 있거나 관련된 언급을 함
최고수준	<u>$8\frac{1}{2}\sim9\frac{1}{2}$</u> 인지적	<u>11+</u> 정서적

[그림 4-36A] 세 번째 과제 체크리스트

[그림 4-37] 네 번째 과제: 중요한 장소. '교회'

중요한 장소

네 번째 과제 연령	인지적 기준	정서적 기준
$2\frac{1}{2}\sim3\frac{1}{2}$	☐ 난화 ☐ 형태 속에 형태가 있음 ☐ 적어도 하나의 인식할 수 있는 형태 ☐ 형태에 이름을 붙임 ☐ 적어도 하나의 형태 관계를 나타내는 언급	☐ 합일화 ☐ 퇴행 ☐ 취소 ☐ 역전 ☐ 부인
$3\frac{1}{2}\sim4\frac{1}{2}$	☐ 둘 이상의 인식할 수 있는 형태 ☐ 이야기를 원시적이거나 마술적으로 연결	☐ 회피 ☐ 모방
$4\frac{1}{2}\sim5\frac{1}{2}$	☐ 이야기가 있다면 부분적으로 현실이거나 부분적으로 환상 ☐ 자유로운 형태 및 알아볼 수 있는 형태가 균형 잡혀 있음 ☐ 적어도 하나의 인식할 수 있는 대상이 있음	☐ 상징화 ☐ 격리 ☐ 정서격리
$5\frac{1}{2}\sim6\frac{1}{2}$	☐ 인물이 그려졌다면, 성별 차이가 나타남 ☐ 공간 조직화 ☐ 둘 이상의 인식할 수 있는 대상	☐ 동일시 흔적
$6\frac{1}{2}\sim7\frac{1}{2}$	☐ 현실적인 비율의 시작 ☐ 대상들 간 현실적 관계의 시작 ☐ 이미지에서 움직임이 나타남 ☐ 이야기에서 순서가 나타남-사실이든 공상이든 ☐ 인물이 그려졌다면 성별이 완전함 ☐ 지시를 구체적으로 따라 함	☐ 동일시 ☐ 억압 ☐ 전위* ☐ 반동형성의 시작* ☐ 합리화의 시작* * 알려진 정보가 있거나 관련된 언급을 함
$7\frac{1}{2}\sim8\frac{1}{2}$	☐ 이미지는 친구, 학교, TV, 영화, 스포츠 등과 관련이 있음 ☐ 대상들 간 현실적인 관계 ☐ 현실적인 비율 ☐ 조망시점의 시작 ☐ 적어도 하나의 대상은 종이 하단 혹은 선 위에 서 있음 ☐ 이야기 순서가 응집력 있음-사실이든 공상이든	☐ 반동형성 ☐ 합리화 ☑ 내사
$8\frac{1}{2}\sim9\frac{1}{2}$	☐ 현실이든 공상이든 명백한 스토리라인 ☐ 세부묘사가 정교해지기 시작함 ☑ 둘 이상의 대상이 종이 하단 혹은 선 위에 서 있음	☐ 새로운 방어가 나타 나지 않음
$9\frac{1}{2}\sim10\frac{1}{2}$	☐ 이미지에서 완전한 그림 순서가 나타남 ☐ 정교한 세부묘사	☐ 새로운 방어가 나타 나지 않음
$10\frac{1}{2}\sim11+$	☐ 정교한 이미지와 이야기 ☐ 성숙한 인물과 대상	☐ 주지화의 시작* * 알려진 정보가 있거나 관련된 언급을 함
최고수준	<u>$8\frac{1}{2}\sim9\frac{1}{2}$</u> 인지적	<u>$7\frac{1}{2}\sim8\frac{1}{2}$</u> 정서적

[그림 4-37A] 네 번째 과제 체크리스트

[그림 4-38] 다섯 번째 과제: 가족화. '우리 가족 네 명'

그는 엄마를 제일 먼저, 그다음에는 아빠를 그리고 나서 자신을 그렸고, 마지막으로 여동생을 그렸다.

가족화

다섯 번째 과제 연령	인지적 기준	정서적 기준
$2\frac{1}{2} \sim 3\frac{1}{2}$	□ 난화 □ 적어도 하나의 인식할 수 있는 형태 □ 형태 속에 형태가 있음 □ 적어도 하나의 형태 관계를 나타내는 언급 □ 과제를 이해했지만, 동물 가족을 그림 □ 아동이 가족 구성원을 그리는 도중에 구성원이 바뀜	□ 합일화 □ 퇴행 □ 취소 □ 역전 □ 부인
$3\frac{1}{2} \sim 4\frac{1}{2}$	□ 둘 이상의 인식할 수 있는 형태 □ 이야기를 원시적이거나 마술적으로 연결	□ 회피 □ 모방
$4\frac{1}{2} \sim 5\frac{1}{2}$	□ 이야기가 있다면 부분적으로 현실이거나 부분적으로 환상 □ 자유로운 형태 및 알아볼 수 있는 형태가 균형 잡혀 있음 □ 적어도 하나의 인식할 수 있는 대상이 있음 □ 인물이 원시적임	□ 상징화 □ 격리 ☑ 정서격리
$5\frac{1}{2} \sim 6\frac{1}{2}$	□ 성별 차이가 나타남 □ 공간 조직화 □ 둘 이상의 인식할 수 있는 대상 □ 어떤 신체 부위는 다른 부위보다 현실적임	□ 동일시 흔적
$6\frac{1}{2} \sim 7\frac{1}{2}$	□ 인물이 잘 정의되어 있음 □ 인물들 간 현실적 관계의 시작 □ 이미지에서 움직임이 나타남 □ 이야기에서 순서가 나타남-사실이든 공상이든 ☑ 인물의 성별이 완전함 ☑ 가족은 사람이라야 하며, 정면을 향하고 있을 수 있고 서로 연결되거나 관계되어 있지 않음	☑ 동일시 ☑ 억압 □ 전위* □ 반동형성의 시작* □ 합리화의 시작* * 알려진 정보가 있거나 관련된 언급을 함
$7\frac{1}{2} \sim 8\frac{1}{2}$	□ 모든 부분에서 세부묘사 ☑ 적어도 하나의 대상은 종이 하단 혹은 선 위에 서 있음 □ 이야기 순서가 응집력 있음-사실이든 공상이든 □ 조망시점의 시작 □ 인물들 간 현실적인 관계 □ 현실적인 비율	□ 반동형성 □ 합리화 □ 내사
$8\frac{1}{2} \sim 9\frac{1}{2}$	□ 세부묘사를 정교하게 하기 시작함 □ 이야기 순서가 응집력 있고 이미지에 관련되어 있음 □ 둘 이상의 대상이 종이 하단이나 선 위에 서 있음	□ 새로운 방어가 나타나지 않음
$9\frac{1}{2} \sim 10\frac{1}{2}$	□ 정교한 세부묘사 □ 이미지에서 완전한 그림 순서가 나타남	□ 새로운 방어가 나타나지 않음
$10\frac{1}{2} \sim 11+$	□ 정교한 이미지와 이야기 □ 현실적인 성숙한 인물	□ 주지화의 시작* * 알려진 정보가 있거나 관련된 언급을 함
최고수준	$7\frac{1}{2} \sim 8\frac{1}{2}$ 인지적	$6\frac{1}{2} \sim 7\frac{1}{2}$ 정서적

[그림 4-38A] 다섯 번째 과제 체크리스트

인지 영역에서 그의 전반적인 점수는 8세 5개월이며, 이는 생활연령보다 1년 조금 더 낮다. 정서 영역에서 그의 전반적인 점수는 7세 7개월이고 그의 연령보다 2년 낮다.

5학년

검사에 참여한 5학년 학생은 총 42명이며 여아 28명, 남아 14명이었다. 이 중 백인은 27명, 흑인은 4명, 아메리칸 인디언은 1명, 히스패닉은 9명, 아시아계는 1명이었다.

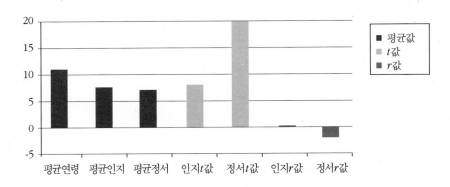

[그림 4-39] 전체 연령평균, 인지 영역 평균, 정서 영역 평균 및
인지 영역과 정서 영역에 대한 *t*값과 *r*값

다섯 가지 과제 모두에 대한 평균 인지점수와 평균 정서점수를 계산하여, 연령평균 10.7495와 비교했다. 대응표본 *T*-검증과 피어슨 상관분석을 수행하여 인지평균, 정서평균 및 연령평균과의 관계를 조사했다.

인지평균 8.5638의 *t*값은 8.230으로 유의미한 차이가 있음을 나타냈다. 인지*r*값은 .046이며, 이들 평균 간의 상관관계가 유의미하지 않음을 나타냈다.

정서 영역에서 *t*값은 19.872이며, 정서평균 7.3593과 연령평균 10.7495 사이에 유의미한 차이가 있음을 나타냈다. 이 영역의 *r*값은 −2.26이었고, 이 평균과 연령평균 사이에 유의미한 상관관계는 없었다.

〈표 4-11〉 인지 및 정서 점수에 대한 대응표본 T-검증

과제	1	2	3	4	5
인지t값	7.587 S	7.706 S	9.880 S	11.354 S	8.196 S
정서t값	11.882 S	8.380 S	32.605 S	10.332 S	9.540 S

S=평균연령과 평균 인지/정서점수 사이에 유의미한 차이가 있음

〈표 4-12〉 상관관계: 인지점수와 정서점수에 대한 피어슨 상관계수

과제	1	2	3	4	5
인지r값	.046 NS	−.081 NS	.043 NS	.007 NS	.024 NS
정서r값	.009 NS	−.246 NS	.210 NS	−.227 NS	−.354 NS

S=다섯 번째 과제에서 평균연령과 평균 인지/정서점수 사이에 유의미한 상관이 있음
NS=평균연령과 평균 인지/정서점수 사이에 유의미한 상관이 없음

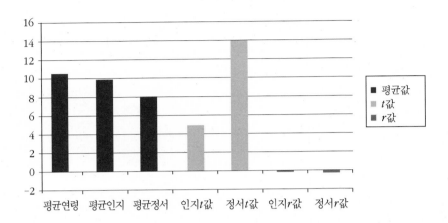

[그림 4-40] 과제 1, 2, 4, 5에 대한 전체 평균, _t_값, _r_값

　세 번째 과제를 생략한 새로운 평균은 인지 영역에서 9.9010이고, 정서 영역에서 7.8918로 나왔다. 인지_t_값은 5.389이며, 정서_t_값은 14.408이었다. 둘 다 영역평균과 연령 평균 간에 유의미한 차이를 나타냈다.

　인지 영역의 _r_값은 −.040이며 유의미하지 않았다. 그러나 다섯 번째 과제에서 정서 영역 평균과 연령평균 사이에 유의미한 상관관계가 있었다.

　상관계수는 −.316이었고 .05 수준에서 유의미했다.

　이 상관관계는 이 연령대의 아동이 '따라잡기'를 시작하는 것을 의미하며, 나중에 더 논의될 것이다.

결론

5학년 대상자들에 대한 자료는 3학년이나 4학년 자료와 마찬가지로 영가설을 지지하는 통계적 증거를 제공하지 않았다. 인지 영역에서의 차이는 LECATA의 정상적 매개변수 범위 내에 있지 않았고, 정서 영역의 발달수준의 차이는 평균연령보다 3년이나 아래에 있다. 여기서 주목해야 할 것은, 세 번째 과제를 제외했을 때 분석결과, 다섯 번째 과제인 가족화에서 연령평균과 정서평균 사이에 유의미한 상관관계가 있었다는 점이다. 이 결과는 제5장에서 더 논의될 것이다. 다음으로 5학년 아동에게 실시된 LECATA의 예를 소개한다. 비밀보장을 위해 이 아동에게 부여된 코드는 5(5학년), 31(이 학년의 피검자 번호), F(여아)다.

• 5/31/F, 10세 7개월

[그림 4-41] 첫 번째 과제: 자유화. '우리 집 뒤의 불'

그녀는 옆집에서 불이 났던 이야기를 매우 상세하게 들려주었다. 그녀는 자기 자신과 형제가 집 바깥에 있는 것을 그렸다.

자유화와 이야기

첫 번째 과제 연령	인지적 기준	정서적 기준
$2\frac{1}{2}\sim3\frac{1}{2}$	☐ 난화 ☐ 적어도 하나의 알아볼 수 있는 형태 ☐ 형태에 이름을 붙임 ☐ 형태 속에 형태가 있음 ☐ 이야기에서 형태 관계가 적어도 하나 이상 나타남	☐ 합일화 ☐ 퇴행 ☐ 취소 ☐ 역전 ☐ 부인
$3\frac{1}{2}\sim4\frac{1}{2}$	☐ 둘 이상의 알아볼 수 있는 형태 ☐ 이야기를 원시적이거나 마술적으로 연결	☐ 회피 ☐ 모방
$4\frac{1}{2}\sim5\frac{1}{2}$	☐ 이야기가 있다면 부분적으로 현실이거나 부분적으로 환상 ☐ 자유로운 형태 및 알아볼 수 있는 형태가 균형 잡혀 있음 ☐ 적어도 하나의 인식할 수 있는 대상이 있음	☐ 상징화 ☐ 격리 ☐ 정서격리
$5\frac{1}{2}\sim6\frac{1}{2}$	☐ 인물이 그려졌다면, 성별 차이가 나타남 ☐ 공간 조직화 ☐ 둘 이상의 인식할 수 있는 대상	☐ 동일시 흔적
$6\frac{1}{2}\sim7\frac{1}{2}$	☐ 현실적 비율의 시작 ☐ 대상들 간 현실적 관계의 시작 ☐ 이미지에서 움직임이 나타남 ☐ 이야기에서 순서가 나타남-사실이든 공상이든 ☐ 인물이 그려졌다면 성별이 완전함 ☐ 지시를 구체적으로 따라 함	☑ 동일시 ☐ 억압 ☐ 전위* ☐ 반동형성의 시작* ☐ 합리화의 시작* * 알려진 정보가 있거나 관 　련된 언급을 함
$7\frac{1}{2}\sim8\frac{1}{2}$	☐ 이미지는 친구, 학교, TV, 영화, 스포츠 등과 관련이 있음 ☑ 대상들 간 현실적인 관계 ☐ 현실적인 비율 ☐ 조망시점의 시작 ☐ 적어도 하나의 대상은 종이 하단 혹은 선 위에 서 있음 ☐ 이야기 순서가 응집력 있음-사실이든 공상이든	☐ 반동형성 ☐ 합리화 ☐ 내사
$8\frac{1}{2}\sim9\frac{1}{2}$	☑ 현실이든 공상이든 명백한 스토리라인 ☐ 세부묘사가 정교해지기 시작함 ☑ 둘 이상의 대상이 종이 하단 혹은 선 위에 서 있음	☐ 새로운 방어가 나타 　나지 않음
$9\frac{1}{2}\sim10\frac{1}{2}$	☐ 이미지에서 완전한 그림 순서가 나타남 ☐ 정교한 세부묘사	☐ 새로운 방어가 나타 　나지 않음
$10\frac{1}{2}\sim11+$	☐ 정교한 이미지와 이야기 ☐ 현실적인 성숙한 인물	☐ 주지화의 시작* * 알려진 정보가 있거나 관 　련된 언급을 함
최고수준	$\underline{8\frac{1}{2}\sim9\frac{1}{2}}$ 인지적	$\underline{6\frac{1}{2}\sim7\frac{1}{2}}$ 정서적

[그림 4-41A] 첫 번째 과제 체크리스트

[그림 4-42] 두 번째 과제: 자화상. '나를 그린 그림'

자화상

두 번째 과제 연령	인지적 기준	정서적 기준
$2\frac{1}{2}\sim3\frac{1}{2}$	☐ 난화 ☐ 형태 속에 형태가 있음 ☐ 형태들을 연결하려는 시도 ☐ 신체 부분을 그리려는 시도 ☐ 신체 부분에 이름을 붙이려는 시도	☐ 합일화 ☐ 퇴행 ☐ 취소 ☐ 역전 ☐ 부인
$3\frac{1}{2}\sim4\frac{1}{2}$	☐ 원시적인 인물상 ☐ 비율이 맞지 않는 신체 부위	☐ 회피 ☐ 모방
$4\frac{1}{2}\sim5\frac{1}{2}$	☐ 거의 모든 신체 부위가 그려짐	☐ 상징화 ☑ 정서격리
$5\frac{1}{2}\sim6\frac{1}{2}$	☐ 성별 차이가 나타남 ☐ 어떤 신체 부위는 다른 부위보다 현실적임	☐ 동일시 흔적
$6\frac{1}{2}\sim7\frac{1}{2}$	☐ 세부묘사의 시작 ☐ 성별이 완전함 ☐ 인물이 잘 정의되어 있음	☑ 동일시 ☐ 억압 ☐ 전위* ☐ 반동형성의 시작* ☐ 합리화의 시작* * 알려진 정보가 있거나 　관련된 언급을 함
$7\frac{1}{2}\sim8\frac{1}{2}$	☑ 모든 부분에서 세부묘사 ☐ 적어도 하나의 대상은 종이 하단 혹은 선 위에 서 있음	☐ 반동형성 ☐ 합리화 ☐ 내사
$8\frac{1}{2}\sim9\frac{1}{2}$	☐ 세부묘사를 정교하게 하기 시작함 ☐ 정교한 특징 및 신체 ☐ 현실적인 비율 ☐ 하나 이상의 대상이 종이 하단 혹은 선 위에 서 있음	☐ 새로운 방어가 나타 　나지 않음
$9\frac{1}{2}\sim10\frac{1}{2}$	☑ 정교한 세부묘사	☐ 새로운 방어가 나타 　나지 않음
$10\frac{1}{2}\sim11+$	☑ 현실적인 성숙한 인물	☐ 주지화의 시작* * 알려진 정보가 있거나 　관련된 언급을 함
최고수준	**11**+ 인지적	$6\frac{1}{2}\sim7\frac{1}{2}$ 정서적

[그림 4-42A] 두 번째 과제 체크리스트

[그림 4-43] 세 번째 과제: 난화와 난화로부터 그린 것. '핀볼'

난화와 이미지

세 번째 과제 연령	인지적 기준	정서적 기준
$2\frac{1}{2}\sim3\frac{1}{2}$	□ 난화선을 그리고 나서 그 위에 선이나 형태를 덧붙임 □ 지시를 이해하지 못했을 수 있음	□ 합일화 □ 퇴행 □ 취소 □ 역전 □ 부인
$3\frac{1}{2}\sim4\frac{1}{2}$	□ 난화선 위에 형태를 그림	□ 회피 □ 모방
$4\frac{1}{2}\sim5\frac{1}{2}$	□ 난화선을 사용해서 형태 안에 형태를 만들려고 노력함	☑ 상징화 □ 격리 □ 정서격리
$5\frac{1}{2}\sim6\frac{1}{2}$	□ 난화에 형태를 더 그리고 이름을 붙임(형태는 인식할 수 없을 수도 있음)	□ 동일시 흔적
$6\frac{1}{2}\sim7\frac{1}{2}$	□ 인식할 수 있는 난화 형태를 그리고 이름을 붙임 □ 세부묘사의 시작	□ 동일시 □ 억압 □ 전위* □ 반동형성의 시작* □ 합리화의 시작* * 알려진 정보가 있거나 관련된 언급을 함
$7\frac{1}{2}\sim8\frac{1}{2}$	□ 세부묘사는 환경에 연결되는 것을 반영함	□ 반동형성 □ 합리화 □ 내사
$8\frac{1}{2}\sim9\frac{1}{2}$	□ 정교한 세부묘사 □ 계획한 이미지가 난화 전체 혹은 부분에서 나타남	□ 새로운 방어가 나타나지 않음
$9\frac{1}{2}\sim10\frac{1}{2}$	☑ 완성된 이미지가 난화 전체 혹은 부분에서 나타남	□ 새로운 방어가 나타나지 않음
$10\frac{1}{2}\sim11+$	□ 이미지의 정교함 ☑ 의도적, 창의적, 창조적	□ 주지화의 시작* * 알려진 정보가 있거나 관련된 언급을 함
최고수준	**11+** 인지적	$4\frac{1}{2}\sim5\frac{1}{2}$ 정서적

[그림 4-43A] 세 번째 과제 체크리스트

[그림 4-44] 네 번째 과제: 중요한 장소. '우리 집'

그녀는 중요한 장소라면 그것은 우리 집이라고 했고, 집의 외관을 그렸다.

중요한 장소

네 번째 과제 연령	인지적 기준	정서적 기준
$2\frac{1}{2}\sim3\frac{1}{2}$	□ 난화 □ 형태 속에 형태가 있음 □ 적어도 하나의 인식할 수 있는 형태 □ 형태에 이름을 붙임 □ 적어도 하나의 형태 관계를 나타내는 언급	□ 합일화 □ 퇴행 □ 취소 □ 역전 □ 부인
$3\frac{1}{2}\sim4\frac{1}{2}$	□ 둘 이상의 인식할 수 있는 형태 □ 이야기를 원시적이거나 마술적으로 연결	□ 회피 □ 모방
$4\frac{1}{2}\sim5\frac{1}{2}$	□ 이야기가 있다면 부분적으로 현실이거나 부분적으로 환상 □ 자유로운 형태 및 알아볼 수 있는 형태가 균형 잡혀 있음 □ 적어도 하나의 인식할 수 있는 대상이 있음	□ 상징화 ☑ 격리 ☑ 정서격리
$5\frac{1}{2}\sim6\frac{1}{2}$	□ 인물이 그려졌다면, 성별 차이가 나타남 □ 공간 조직화 □ 둘 이상의 인식할 수 있는 대상	□ 동일시 흔적
$6\frac{1}{2}\sim7\frac{1}{2}$	□ 현실적인 비율의 시작 □ 대상들 간 현실적 관계의 시작 □ 이미지에서 움직임이 나타남 □ 이야기에서 순서가 나타남-사실이든 공상이든 □ 인물이 그려졌다면 성별이 완전함 □ 지시를 구체적으로 따라 함	□ 동일시 □ 억압 □ 전위* □ 반동형성의 시작* □ 합리화의 시작* * 알려진 정보가 있거나 관련된 언급을 함
$7\frac{1}{2}\sim8\frac{1}{2}$	□ 이미지는 친구, 학교, TV, 영화, 스포츠 등과 관련이 있음 □ 대상들 간 현실적인 관계 □ 현실적인 비율 ☑ 조망시점의 시작 □ 적어도 하나의 대상은 종이 하단 혹은 선 위에 서 있음 □ 이야기 순서가 응집력 있음-사실이든 공상이든	□ 반동형성 □ 합리화 □ 내사
$8\frac{1}{2}\sim9\frac{1}{2}$	□ 현실이든 공상이든 명백한 스토리라인 ☑ 세부묘사가 정교해지기 시작함 □ 둘 이상의 대상이 종이 하단 혹은 선 위에 서 있음	□ 새로운 방어가 나타 나지 않음
$9\frac{1}{2}\sim10\frac{1}{2}$	□ 이미지에서 완전한 그림 순서가 나타남 □ 정교한 세부묘사	□ 새로운 방어가 나타 나지 않음
$10\frac{1}{2}\sim11+$	□ 정교한 이미지와 이야기 □ 성숙한 인물과 대상	□ 주지화의 시작* * 알려진 정보가 있거나 관련된 언급을 함
최고수준	<u>$8\frac{1}{2}\sim9\frac{1}{2}$</u> 인지적	<u>$4\frac{1}{2}\sim5\frac{1}{2}$</u> 정서적

[그림 4-44A] 네 번째 과제 체크리스트

[그림 4-45] 다섯 번째 과제: 가족화. '우리 가족'

그녀는 자신을 제일 먼저 그렸고, 그다음에 아빠, 엄마, 형제 순서로 그렸다.

가족화

다섯 번째 과제 연령	인지적 기준	정서적 기준
$2\frac{1}{2}\sim3\frac{1}{2}$	□ 난화 □ 적어도 하나의 인식할 수 있는 형태 □ 형태 속에 형태가 있음 □ 적어도 하나의 형태 관계를 나타내는 언급 □ 과제를 이해했지만, 동물 가족을 그림 □ 아동이 가족 구성원을 그리는 도중에 구성원이 바뀜	□ 합일화 □ 퇴행 □ 취소 □ 역전 □ 부인
$3\frac{1}{2}\sim4\frac{1}{2}$	□ 둘 이상의 인식할 수 있는 형태 □ 이야기를 원시적이거나 마술적으로 연결	□ 회피 □ 모방
$4\frac{1}{2}\sim5\frac{1}{2}$	□ 이야기가 있다면 부분적으로 현실이거나 부분적으로 환상 □ 자유로운 형태 및 알아볼 수 있는 형태가 균형 잡혀 있음 □ 적어도 하나의 인식할 수 있는 대상이 있음 □ 인물이 원시적임	☑ 상징화 □ 격리 ☑ 정서격리
$5\frac{1}{2}\sim6\frac{1}{2}$	□ 성별 차이가 나타남 □ 공간 조직화 □ 둘 이상의 인식할 수 있는 대상 □ 어떤 신체 부위는 다른 부위보다 현실적임	□ 동일시 흔적
$6\frac{1}{2}\sim7\frac{1}{2}$	☑ 인물이 잘 정의되어 있음 □ 인물들 간 현실적 관계의 시작 □ 이미지에서 움직임이 나타남 □ 이야기에서 순서가 나타남-사실이든 공상이든 □ 인물의 성별이 완전함 ☑ 가족은 사람이라야 하며, 정면을 향하고 있을 수 있고 서로 연결 되거나 관계되어 있지 않음	☑ 동일시 ☑ 억압 □ 전위* □ 반동형성의 시작* □ 합리화의 시작* * 알려진 정보가 있거나 관 련된 언급을 함
$7\frac{1}{2}\sim8\frac{1}{2}$	☑ 모든 부분에서 세부묘사 □ 적어도 하나의 대상은 종이 하단 혹은 선 위에 서 있음 □ 이야기 순서가 응집력 있음-사실이든 공상이든 □ 조망시점의 시작 □ 인물들 간 현실적인 관계 ☑ 현실적인 비율	□ 반동형성 □ 합리화 □ 내사
$8\frac{1}{2}\sim9\frac{1}{2}$	☑ 세부묘사를 정교하게 하기 시작함 □ 이야기 순서가 응집력 있고 이미지에 관련되어 있음 □ 둘 이상의 대상이 종이 하단이나 선 위에 서 있음	□ 새로운 방어가 나타 나지 않음
$9\frac{1}{2}\sim10\frac{1}{2}$	☑ 정교한 세부묘사 □ 이미지에서 완전한 그림 순서가 나타남	□ 새로운 방어가 나타 나지 않음
$10\frac{1}{2}\sim11+$	□ 정교한 이미지와 이야기 □ 현실적인 성숙한 인물	□ 주지화의 시작* * 알려진 정보가 있거나 관련된 언급을 함
최고수준	$9\frac{1}{2}\sim10\frac{1}{2}$ 인지적	$6\frac{1}{2}\sim7\frac{1}{2}$ 정서적

[그림 4-45A] 다섯 번째 과제 체크리스트

그녀의 전반적인 인지점수는 10세 2개월이며, 자신의 나이에 적합하다. 정서 영역에서 그녀는 자신의 나이보다 1년 조금 더 낮게 기능하고 있다.

6학년

41명의 6학년 학생에게 LECATA가 실시되었다. 여아가 19명, 남아가 22명이었다. 이 집단에서 백인은 24명, 흑인은 8명, 아메리칸 인디언은 2명, 히스패닉은 4명 그리고 아이티 태생이 3명이었다.

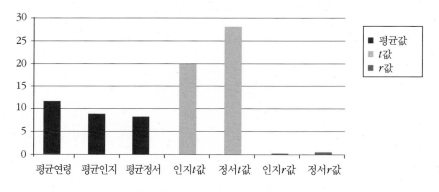

[그림 4-46] 전체 연령평균, 인지 영역 평균, 정서 영역 평균 및
인지 영역과 정서 영역에 대한 t값과 r값

다섯 가지 과제 모두에 대한 평균 인지점수 8.7302와 평균 정서점수 7.5129는 연령평균인 11.8932와 비교되었다. 대응표본 T-검증과 피어슨 상관분석을 수행하여 이들 평균 간의 관계를 조사했다. 인지평균의 t값은 19.648이며 연령평균과는 유의미한 차이를 나타냈다. 정서 영역의 t값은 28.2654이며 역시 정서평균과 연령평균 간에 유의미한 차이가 있었다.

인지 영역에 대한 r값은 .004이며, 이 평균과 연령평균 사이의 상관관계는 유의미하지 않았다. 정서 영역에서 상관계수는 .155이며, 역시 유의미하지 않았다.

〈표 4-13〉 인지 및 정서 점수에 대한 대응표본 T-검증

과제	1	2	3	4	5
인지t값	12.307 S	12.577 S	15.893 S	15.268 S	13.202 S
정서t값	13.957 S	8.453 S	33.129 S	13.513 S	14.372 S

S=평균연령과 평균 인지/정서점수 사이에 유의미한 차이가 있음

〈표 4-14〉 상관관계: 인지점수와 정서점수에 대한 피어슨 상관계수

과제	1	2	3	4	5
인지r값	.153 NS	-.159 NS	.109 NS	.185 NS	-.077 NS
정서r값	.232 NS	-.049 NS	-.008 NS	.106 NS	-.013 NS

NS=평균연령과 평균 인지/정서점수 사이에 유의미한 상관이 없음

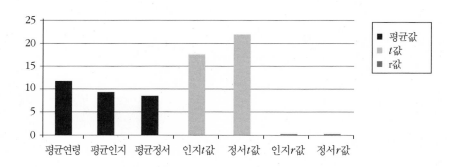

[그림 4-47] 과제 1, 2, 4, 5에 대한 전체 평균, t값, r값

세 번째 과제를 제외한 새로운 평균은 인지 영역에서 8.9059이며 정서 영역에서 7.9912였다. 인지t값은 16.670으로, 다섯 가지 과제를 모두 했을 때의 19.646보다 낮았지만, 여전히 이 평균과 연령평균 간에는 유의미한 차이가 있었다. 정서 영역에서 t값은 22.345이며, 여기서도 이 평균과 연령평균 간에 유의미한 차이를 나타냈다.

세 번째 과제를 제외했을 때, 피어슨 상관계수는 다섯 가지의 과제를 모두 했을 때에 비해 약간 낮았다. 두 영역 모두에서 유의미한 상관관계는 없었다. 인지 영역의 r값은 .002이며, 정서 영역의 r값은 .154였다.

결론

6학년 대상자들의 자료는 3학년, 4학년 및 5학년 자료와 마찬가지로 영가설을 지지하는 통계적 증거를 제공하지 못했다. 인지 영역의 차이는 LECATA의 정상적인 매개변수 범위 내에 있지 않으며, 정서 영역의 발달수준 차이는 연령평균보다 거의 4살 아래에 있다. 세 번째 과제를 제외한 분석에서 유의미한 차이는 없었다. 제5장에서 이러한 발견과 그 의미가 다루어질 것이다.

다음은 6학년 아동에게 실시된 LECATA 사례다. 비밀보장을 위해 이 피검자에게 주어진 코드는 6(6학년), 17(이 학년의 피검자 번호), M(남아)이다.

• 6/17/M, 11세 3개월

[그림 4-48] 첫 번째 과제: 자유화. '태양계'

그는 태양계에 매력을 느낀다고 이야기하면서 언젠가 천문학자가 되고 싶다고 했다.

자유화와 이야기

첫 번째 과제 연령	인지적 기준	정서적 기준
$2\frac{1}{2}\sim3\frac{1}{2}$	☐ 난화 ☐ 적어도 하나의 알아볼 수 있는 형태 ☐ 형태에 이름을 붙임 ☐ 형태 속에 형태가 있음 ☐ 이야기에서 형태 관계가 적어도 하나 이상 나타남	☐ 합일화 ☐ 퇴행 ☐ 취소 ☐ 역전 ☐ 부인
$3\frac{1}{2}\sim4\frac{1}{2}$	☐ 둘 이상의 알아볼 수 있는 형태 ☐ 이야기를 원시적이거나 마술적으로 연결	☐ 회피 ☐ 모방
$4\frac{1}{2}\sim5\frac{1}{2}$	☐ 이야기가 있다면 부분적으로 현실이거나 부분적으로 환상 ☐ 자유로운 형태 및 알아볼 수 있는 형태가 균형 잡혀 있음 ☐ 적어도 하나의 인식할 수 있는 대상이 있음	☐ 상징화 ☑ 격리 ☑ 정서격리
$5\frac{1}{2}\sim6\frac{1}{2}$	☐ 인물이 그려졌다면, 성별 차이가 나타남 ☐ 공간 조직화 ☐ 둘 이상의 인식할 수 있는 대상	☐ 동일시 흔적
$6\frac{1}{2}\sim7\frac{1}{2}$	☐ 현실적 비율의 시작 ☐ 대상들 간 현실적 관계의 시작 ☐ 이미지에서 움직임이 나타남 ☐ 이야기에서 순서가 나타남-사실이든 공상이든 ☐ 인물이 그려졌다면 성별이 완전함 ☐ 지시를 구체적으로 따라 함	☐ 동일시 ☐ 억압 ☐ 전위* ☐ 반동형성의 시작* ☐ 합리화의 시작* * 알려진 정보가 있거나 관 　련된 언급을 함
$7\frac{1}{2}\sim8\frac{1}{2}$	☐ 이미지는 친구, 학교, TV, 영화, 스포츠 등과 관련이 있음 ☐ 대상들 간 현실적인 관계 ☐ 현실적인 비율 ☐ 조망시점의 시작 ☐ 적어도 하나의 대상은 종이 하단 혹은 선 위에 서 있음 ☐ 이야기 순서가 응집력 있음-사실이든 공상이든	☐ 반동형성 ☐ 합리화 ☐ 내사
$8\frac{1}{2}\sim9\frac{1}{2}$	☐ 현실이든 공상이든 명백한 스토리라인 ☐ 세부묘사가 정교해지기 시작함 ☐ 둘 이상의 대상이 종이 하단 혹은 선 위에 서 있음	☐ 새로운 방어가 나타 　나지 않음
$9\frac{1}{2}\sim10\frac{1}{2}$	☑ 이미지에서 완전한 그림 순서가 나타남 ☐ 정교한 세부묘사	☐ 새로운 방어가 나타 　나지 않음
$10\frac{1}{2}\sim11+$	☑ 정교한 이미지와 이야기 ☐ 현실적인 성숙한 인물	☐ 주지화의 시작* * 알려진 정보가 있거나 관 　련된 언급을 함
최고수준	**11+** 인지적	$4\frac{1}{2}\sim5\frac{1}{2}$ 정서적

[그림 4-48A] 첫 번째 과제 체크리스트

[그림 4-49] 두 번째 과제: 자화상. '나, 나 그리고 나'

자화상

두 번째 과제 연령	인지적 기준	정서적 기준
$2\frac{1}{2} \sim 3\frac{1}{2}$	☐ 난화 ☐ 형태 속에 형태가 있음 ☐ 형태들을 연결하려는 시도 ☐ 신체 부분을 그리려는 시도 ☐ 신체 부분에 이름을 붙이려는 시도	☐ 합일화 ☐ 퇴행 ☐ 취소 ☐ 역전 ☐ 부인
$3\frac{1}{2} \sim 4\frac{1}{2}$	☐ 원시적인 인물상 ☐ 비율이 맞지 않는 신체 부위	☐ 회피 ☐ 모방
$4\frac{1}{2} \sim 5\frac{1}{2}$	☐ 거의 모든 신체 부위가 그려짐	☐ 상징화 ☐ 정서격리
$5\frac{1}{2} \sim 6\frac{1}{2}$	☐ 성별 차이가 나타남 ☐ 어떤 신체 부위는 다른 부위보다 현실적임	☐ 동일시 흔적
$6\frac{1}{2} \sim 7\frac{1}{2}$	☐ 세부묘사의 시작 ☐ 성별이 완전함 ☐ 인물이 잘 정의되어 있음	☑ 동일시 ☐ 억압 ☐ 전위* ☐ 반동형성의 시작* ☐ 합리화의 시작* * 알려진 정보가 있거나 관련된 언급을 함
$7\frac{1}{2} \sim 8\frac{1}{2}$	☐ 모든 부분에서 세부묘사 ☐ 적어도 하나의 대상은 종이 하단 혹은 선 위에 서 있음	☐ 반동형성 ☐ 합리화 ☑ 내사
$8\frac{1}{2} \sim 9\frac{1}{2}$	☐ 세부묘사를 정교하게 하기 시작함 ☐ 정교한 특징 및 신체 ☐ 현실적인 비율 ☐ 하나 이상의 대상이 종이 하단 혹은 선 위에 서 있음	☐ 새로운 방어가 나타 나지 않음
$9\frac{1}{2} \sim 10\frac{1}{2}$	☑ 정교한 세부묘사	☐ 새로운 방어가 나타 나지 않음
$10\frac{1}{2} \sim 11+$	☑ 현실적인 성숙한 인물	☐ 주지화의 시작* * 알려진 정보가 있거나 관련된 언급을 함
최고수준	<u>11+</u> 인지적	<u>$7\frac{1}{2} \sim 8\frac{1}{2}$</u> 정서적

[그림 4-49A] 두 번째 과제 체크리스트

[그림 4-50] 세 번째 과제: 난화와 난화로부터 그린 것. '심술궂은 녹색 난화 기계'

난화와 이미지

세 번째 과제 / 연령	인지적 기준	정서적 기준
$2\frac{1}{2}\sim3\frac{1}{2}$	□ 난화선을 그리고 나서 그 위에 선이나 형태를 덧붙임 □ 지시를 이해하지 못했을 수 있음	□ 합일화 □ 퇴행 □ 취소 □ 역전 □ 부인
$3\frac{1}{2}\sim4\frac{1}{2}$	□ 난화선 위에 형태를 그림	□ 회피 □ 모방
$4\frac{1}{2}\sim5\frac{1}{2}$	□ 난화선을 사용해서 형태 안에 형태를 만들려고 노력함	☑ 상징화 ☑ 격리 ☑ 정서격리
$5\frac{1}{2}\sim6\frac{1}{2}$	□ 난화에 형태를 더 그리고 이름을 붙임(형태는 인식할 수 없을 수도 있음)	□ 동일시 흔적
$6\frac{1}{2}\sim7\frac{1}{2}$	□ 인식할 수 있는 난화 형태를 그리고 이름을 붙임 □ 세부묘사의 시작	□ 동일시 □ 억압 □ 전위* □ 반동형성의 시작* □ 합리화의 시작* * 알려진 정보가 있거나 관련된 언급을 함
$7\frac{1}{2}\sim8\frac{1}{2}$	□ 세부묘사는 환경에 연결되는 것을 반영함	□ 반동형성 □ 합리화 □ 내사
$8\frac{1}{2}\sim9\frac{1}{2}$	□ 정교한 세부묘사 ☑ 계획한 이미지가 난화 전체 혹은 부분에서 나타남	□ 새로운 방어가 나타나지 않음
$9\frac{1}{2}\sim10\frac{1}{2}$	□ 완성된 이미지가 난화 전체 혹은 부분에서 나타남	□ 새로운 방어가 나타나지 않음
$10\frac{1}{2}\sim11+$	□ 이미지의 정교함 □ 의도적, 창의적, 창조적	□ 주지화의 시작* * 알려진 정보가 있거나 관련된 언급을 함
최고수준	$8\frac{1}{2}\sim9\frac{1}{2}$ 인지적	$4\frac{1}{2}\sim5\frac{1}{2}$ 정서적

[그림 4-50A] 세 번째 과제 체크리스트

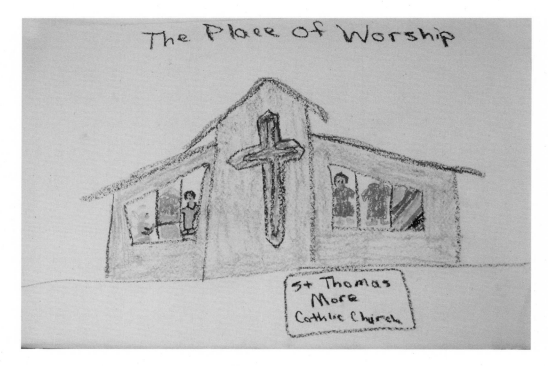

[그림 4-51] 네 번째 과제: 중요한 장소. '예배하는 장소'

그의 말을 들어 보면 종교적인 의식은 그의 가족의 삶에서 중요한 측면인 것 같았다.

중요한 장소

네 번째 과제 연령	인지적 기준	정서적 기준
$2\frac{1}{2} \sim 3\frac{1}{2}$	☐ 난화 ☐ 형태 속에 형태가 있음 ☐ 적어도 하나의 인식할 수 있는 형태 ☐ 형태에 이름을 붙임 ☐ 적어도 하나의 형태 관계를 나타내는 언급	☐ 합일화 ☐ 퇴행 ☐ 취소 ☐ 역전 ☐ 부인
$3\frac{1}{2} \sim 4\frac{1}{2}$	☐ 둘 이상의 인식할 수 있는 형태 ☐ 이야기를 원시적이거나 마술적으로 연결	☐ 회피 ☐ 모방
$4\frac{1}{2} \sim 5\frac{1}{2}$	☐ 이야기가 있다면 부분적으로 현실이거나 부분적으로 환상 ☐ 자유로운 형태 및 알아볼 수 있는 형태가 균형 잡혀 있음 ☐ 적어도 하나의 인식할 수 있는 대상이 있음	☐ 상징화 ☐ 격리 ☐ 정서격리
$5\frac{1}{2} \sim 6\frac{1}{2}$	☐ 인물이 그려졌다면, 성별 차이가 나타남 ☐ 공간 조직화 ☐ 둘 이상의 인식할 수 있는 대상	☐ 동일시 흔적
$6\frac{1}{2} \sim 7\frac{1}{2}$	☐ 현실적인 비율의 시작 ☐ 대상들 간 현실적 관계의 시작 ☐ 이미지에서 움직임이 나타남 ☐ 이야기에서 순서가 나타남-사실이든 공상이든 ☐ 인물이 그려졌다면 성별이 완전함 ☐ 지시를 구체적으로 따라 함	☐ 동일시 ☐ 억압 ☐ 전위* ☐ 반동형성의 시작* ☐ 합리화의 시작* * 알려진 정보가 있거나 관련된 언급을 함
$7\frac{1}{2} \sim 8\frac{1}{2}$	☐ 이미지는 친구, 학교, TV, 영화, 스포츠 등과 관련이 있음 ☐ 대상들 간 현실적인 관계 ☐ 현실적인 비율 ☐ 조망시점의 시작 ☐ 적어도 하나의 대상은 종이 하단 혹은 선 위에 서 있음 ☐ 이야기 순서가 응집력 있음-사실이든 공상이든	☐ 반동형성 ☐ 합리화 ☑ 내사
$8\frac{1}{2} \sim 9\frac{1}{2}$	☐ 현실이든 공상이든 명백한 스토리라인 ☐ 세부묘사가 정교해지기 시작함 ☐ 둘 이상의 대상이 종이 하단 혹은 선 위에 서 있음	☐ 새로운 방어가 나타나지 않음
$9\frac{1}{2} \sim 10\frac{1}{2}$	☑ 이미지에서 완전한 그림 순서가 나타남 ☑ 정교한 세부묘사	☐ 새로운 방어가 나타나지 않음
$10\frac{1}{2} \sim 11+$	☑ 정교한 이미지와 이야기 ☐ 성숙한 인물과 대상	☐ 주지화의 시작* * 알려진 정보가 있거나 관련된 언급을 함
최고수준	<u>11+</u> 인지적	<u>$7\frac{1}{2} \sim 8\frac{1}{2}$</u> 정서적

[그림 4-51A] 네 번째 과제 체크리스트

[그림 4-52] 다섯 번째 과제: 가족화. '우리 아빠, 우리 엄마 그리고 나'

그는 부모님이 이혼하셨지만 자신을 제일 먼저 그리고 그다음에 아버지를, 마지막으로 어머니를 그렸다고 말했다.

가족화

다섯 번째 과제 연령	인지적 기준	정서적 기준
$2\frac{1}{2}\sim3\frac{1}{2}$	☐ 난화 ☐ 적어도 하나의 인식할 수 있는 형태 ☐ 형태 속에 형태가 있음 ☐ 적어도 하나의 형태 관계를 나타내는 언급 ☐ 과제를 이해했지만, 동물 가족을 그림 ☐ 아동이 가족 구성원을 그리는 도중에 구성원이 바뀜	☐ 합일화 ☐ 퇴행 ☐ 취소 ☐ 역전 ☐ 부인
$3\frac{1}{2}\sim4\frac{1}{2}$	☐ 둘 이상의 인식할 수 있는 형태 ☐ 이야기를 원시적이거나 마술적으로 연결	☐ 회피 ☐ 모방
$4\frac{1}{2}\sim5\frac{1}{2}$	☐ 이야기가 있다면 부분적으로 현실이거나 부분적으로 환상 ☐ 자유로운 형태 및 알아볼 수 있는 형태가 균형 잡혀 있음 ☐ 적어도 하나의 인식할 수 있는 대상이 있음 ☐ 인물이 원시적임	☐ 상징화 ☐ 격리 ☐ 정서격리
$5\frac{1}{2}\sim6\frac{1}{2}$	☐ 성별 차이가 나타남 ☐ 공간 조직화 ☐ 둘 이상의 인식할 수 있는 대상 ☐ 어떤 신체 부위는 다른 부위보다 현실적임	☐ 동일시 흔적
$6\frac{1}{2}\sim7\frac{1}{2}$	☐ 인물이 잘 정의되어 있음 ☐ 인물들 간 현실적 관계의 시작 ☐ 이미지에서 움직임이 나타남 ☐ 이야기에서 순서가 나타남-사실이든 공상이든 ☐ 인물의 성별이 완전함 ☐ 가족은 사람이라야 하며, 정면을 향하고 있을 수 있고 서로 연결 되거나 관계되어 있지 않음	☑ 동일시 ☑ 억압 ☐ 전위* ☐ 반동형성의 시작* ☐ 합리화의 시작* * 알려진 정보가 있거나 관련된 언급을 함
$7\frac{1}{2}\sim8\frac{1}{2}$	☐ 모든 부분에서 세부묘사 ☐ 적어도 하나의 대상은 종이 하단 혹은 선 위에 서 있음 ☐ 이야기 순서가 응집력 있음-사실이든 공상이든 ☐ 조망시점의 시작 ☐ 인물들 간 현실적인 관계 ☐ 현실적인 비율	☐ 반동형성 ☑ 합리화 ☐ 내사
$8\frac{1}{2}\sim9\frac{1}{2}$	☐ 세부묘사를 정교하게 하기 시작함 ☐ 이야기 순서가 응집력 있고 이미지에 관련되어 있음 ☐ 둘 이상의 대상이 종이 하단이나 선 위에 서 있음	☐ 새로운 방어가 나타 나지 않음
$9\frac{1}{2}\sim10\frac{1}{2}$	☑ 정교한 세부묘사 ☑ 이미지에서 완전한 그림 순서가 나타남	☐ 새로운 방어가 나타 나지 않음
$10\frac{1}{2}\sim11+$	☑ 정교한 이미지와 이야기 ☑ 현실적인 성숙한 인물	☐ 주지화의 시작* * 알려진 정보가 있거나 관련된 언급을 함
최고수준	<u>11+</u> 인지적	$7\frac{1}{2}\sim8\frac{1}{2}$ 정서적

[그림 4-52A] 다섯 번째 과제 체크리스트

인지 영역에서 그의 전반적인 점수는 10세 7개월이며 실제 나이보다 1년 조금 덜 되게 낮다. 그러나 정서 영역에서 그의 점수는 8세로 생활연령보다 3년 정도 낮다.

제5장

요약 및 결론

자료 분석의 요약

결론

자료 분석의 요약

이 표준화 연구를 하는 데서 두 가지 가설이 제시되었다.

• 영가설 1: 전체 및 각 과제에 대한 인지적·정서적 영역의 수행연령과 생활연령 사이에는 통계적으로 유의미한 차이가 없을 것이다.

두 개의 표본이 같은 모집단에서 추출되었다고 가정하는 양방향 T-검증이 이 가설을 검증하기 위해 사용되었다.

• 가설 2: 전체 및 각 과제에 대한 인지적·정서적 영역의 수행연령과 생활연령 사이에는 통계적으로 유의미한 관계가 있을 것이다.

이 가설을 검증하기 위해 피어슨 상관분석(양방향)을 사용했다.

각 연령 집단에 대한 이 두 가지 통계검사 결과를 검토하고 자료를 분석한 결과, 어느 가설도 일관되게 입증되지 않았으며 그 과정에서 상당히 놀라운 것들이 있었다는 것이 명백하다.

유치원 집단부터 살펴보면, 이들은 평균연령이 5.9세이며 전반적인 인지평균은 6.37세로 연령평균보다 거의 1년 정도 더 높다. 통계적으로 이 두 평균 간에 유의미한 차이는 없었다. 정서 영역에서 평균은 5.82로 통계적으로 유의미한 차이가 있었다. 세 번째 과제를 제외하면 평균연령과 평균 인지점수가 유의미한 상관관계를 보였다. 그러나 LECATA 점수 산정에서 1년 미만의 차이를 보일 뿐이며 이 발달 단계에서 걱정해야 할 정도는 아니다.

이 결과들과 일관되게 연령평균과 인지 영역 평균에서 유의미한 상관관계가 있었는데, 정서 영역에서는 유의미하지 않았다.

1학년의 경우, 평균연령은 7.02세였고 평균 인지점수는 7.32세로 연령평균보다 조금 더 높았다. 정서 영역에서 평균은 6.19세로 평균연령보다 1년 조금 덜 되게 적었다. 세 번째 과제를 제외하면 평균연령과 평균 인지점수 사이에는 유의미한 차이가 없었다. 두 영역 모두에서 유의미한 상관관계는 없었다. 그러나 유치원과 마찬가지로 1학년의 LECATA 점수 결과는 이 아동들이 정상 범위에 매우 가깝게 기능한다는 것을 나타낸다.

2학년에서 검사한 결과도 이러한 발견을 계속해서 지지한다. 이 집단의 연령대는 7.8614세였고 인지평균은 7.7641로 유의미한 차이가 없었다. 그리고 정서 영역의 평균은 6.6714세로 거의 1년 정도 더 낮았다. 두 영역 모두 유의미한 상관관계는 없었다. 그러나 세 번째 과제를 제외하면 인지평균은 약간 올라갔고 정서평균은 반년 증가했지만 여전히 평균연령과 유의미한 차이가 있었다.

3학년의 경우, 평균점수가 LECATA가 기반을 둔 기준에서 벗어나는 큰 변화가 나타났다. 이 집단의 연령평균은 9.1648세였다. 다섯 가지 과제 모두에 대한 인지평균은 7.9118세였고 정서 영역의 평균은 6.9703세였다. 통계적으로 연령평균과 영역 평균 간에는 유의미한 차이가 있었고, 연령평균과 영역 평균 간에 상관은 유의미하지 않았다. 세 번째 과제를 제외해도 이 결론은 달라지지 않았다.

4학년 자료에서도 이러한 추세는 계속되었다. 연령평균은 9.9641세였고, 전체 인지평균은 8.5257세, 정서 영역에서의 평균은 7.5585세였다. 이러한 차이는 통계적으로 유의미한 것이었고, 상관관계는 유의미하지 않았다. 세 번째 과제를 제외하면 인지평균이 8.7395세로 향상되지만 정서평균은 동일하게 유지되었다. 통계검사 결과는 다섯 가지 과제 모두에 대해 계산한 것과 동일했다.

5학년에서 연령평균은 10.7495세였다. 인지평균은 8.5638세였고 정서 영역에서의 평균은 7.3593세였다. 이러한 차이는 분명히 유의미했고, 상관관계는 유의미하지 않았다.

세 번째 과제를 제외했을 때 이 집단에서 흥미로운 차이가 발생했다. 연령평균과 영역 평균 사이에 유의미한 차이가 있었고, 연령평균과 인지평균 간에는 유의미한 상관관계가 없었지만 연령평균과 정서평균 사이에 .05 수준에서 유의미한 상관관계가 있었다.

마지막으로 검사한 집단은 6학년이었다. 이들의 연령평균은 11.8932세였다. 인지평균은 8.7302세이며 정서 영역의 평균은 7.5126세였다. 다시 한 번 연령평균과 영역 평균 간에는 유의미한 차이가 있었고, 연령평균과 영역 평균 간에 유의미한 상관관계는 없었다.

세 번째 과제를 제외한 뒤, 연령평균과 새로운 인지 및 정서 평균을 통계적 검사를 통해 비교해도 변화는 없었다.

결론

Levick(1983), Luisebrink(1991) 및 Talwar(1992) 등의 이전 연구들은 이 검사법이 갖는 신뢰도와 어느 정도의 타당도를 보고한 바 있다. 이 연구에서 정상 아동으로 정의되는 대상자들을 검사했을 때 모두 각 학년의 연령에 적합한 수준을 보였으므로 이 연구 역시 검사의 타당도를 제공했을 것이라 기대된다.

하지만 앞에서 언급한 두 가설은 1학년과 2학년, 3학년 및 5학년 대상자들에게서 산발적으로, 통계적으로 입증되었다. 그러나 세 번째 과제를 제외하면 대부분의 자료에서 모든 과제의 평균점수는 LECATA에 정의된 반년 변수에서 1년 이내에 나타났다.

제기할 첫 번째 질문은 표준화 연구를 기초로 정확한 자료를 제공하는 LECATA 구조에 관한 것이다. 이 검사는 마이애미-데이드 카운티 학군을 비롯해 미국 전역에서 20년 이상 사용되었고, 그 결과는 보고서 등의 문서 기록으로 남았다. 이를 살펴보면, LECATA가 다양한 장애 아동 및 성인을 대상으로 정서적/인지적 발달 수준을 규명하는 데 가치 있는 그림검사라는 것을 입증할 수 있었다. 이 그림검사에서 나온 자료는 치료 목표를 수립하고 경과를 문서화하는, 실행 가능한 근거가 되는 것으로 입증되었다.

다음 질문은 이 표준화 연구에서 얻은 자료가 정상적이고 인지적인 발달을 규명하는 문헌과 일치하는가 하는 점이다. 앞에서 언급했던 대로, LECATA는 Piaget, Lowenfeld, A. Freud, Kellogg의 이론적 구조에 기반을 두었다(제1장 참조).

이 연구가 진행되고 자료가 축적되면서 필자는 미술치료사와 심리학자 및 학교 상담사를 비롯한 여러 정신건강 전문가에게 발표할 기회를 가졌다. 이러한 회의와 토론에서 나왔던 말은, 어쩌면 우리가 새로운 규준을 보고 있을 수 있다는 것이었다. 그리고 이러한 새로운 규준의 원인 혹은 근간은 아마도 지난 20년 동안 이혼율이 증가했을 뿐 아니라 소위 맞벌이 부부의 자녀가 많아진 것이 아닌가 생각된다. 부모가 모두 일하거나 별거하거나 혹은 이혼했으면 그 자녀는 방과 후에 빈집에 돌아오게 된다. 이러한 두 가지 주제에 대해 인터넷에서 찾아보면 엄청나게 많은 자료가 있고, 우리 사회에 이 두 가지 큰 변화가 미친 영향을 논의하는 참고문헌은 모두 나열할 수 없을 정도로 많다. 필자는 맞벌이 부부의 자녀가 안전한지 확인하는 서비스 목록도 있다는 것을 발견했다. 방과 후 혼자서 도서관에 있는 아이들의 수에 관한 기사도 봤으며, 아동과 청소년에게 미치는 부모의 이혼의 영향에 관한 것도 있었다. 필자는 우리가 미디어와 아이패드, 컴퓨터, 컴퓨터 게임 등이 기존의 교육 방법과 학습 행동에 미치는 영향도 고려해야 한다고 생각한다. 발달 속도가 명백하게 저하된 것에 대해 심사숙고하면서 필자는 이 평가법의 기초가 된 문헌을 되짚어 보았다.

필자의 글(Levick, 1983)에서 언급했듯이 Piaget는 S. Freud와 '순전히 정서적인 상태' 또는 '순전히 인지적인 상태'라는 것은 없으며 이 둘은 평행하다고 믿는 점에서 의견이 일치했다(p. 30). 또한 Piaget는 구체적 조작기에서 인지적 조작과 '정서적 조작(affective operation)'을 동등한 것으로 간주한다(Levick, 1983, p. 30). 정상성과 병리를 평가하는 과정에서 발달 곡선을 정의할 때 A. Freud(1965)는 정상적 발달에서 인지 영역과 정서 영역이 평행한 과정으로 발달할 것이라고 강조했다.

아동발달에 대해 많은 연구자와 Piaget 및 Freud의 동료와 후학들은 Piaget와 A. Freud가 발견했던 결과와 여러 면에서 일치하는 결과를 보고했다. 자아발달을 규명하는 사람들은 인지와 정서 영역 간의 발달 관계를 정의하면서 평행 과정이 적응에 필요한 것이라고 제안했다. 이러한 주장을 한 사람들로는 Greenspan(1979), Rappaport(1954), Noy(1979), Piechowski(1979), Hartman(1958) 등이 있고, 이들의 업적은 필자의 책에서 상세히 다루었다(Levick, 1983).

이 자료를 검토해 보면 또 다른 질문이 생긴다. 평균 인지점수와 평균 정서점수 사이에는 유의미한 상관관계가 있는가? 학년별로 두 점수를 비교하기 위해 피어슨 상관분석을 수행했다.

〈표 5-1〉 학년별 인지평균과 정서평균 간의 상관관계

학년/평균연령	평균인지	평균정서	피어슨 상관계수
유치원/5.9	6.4941	5.8084	.371**
1학년/7.02	7.3234	6.1921	.635**
2학년/7.8614	7.7641	6.6714	.606**
3학년/9.1646	7.9118	6.9703	.574**
4학년/9.9641	8.5257	7.1396	.654**
5학년/10.7495	8.5638	7.3593	.370*
6학년/11.8932	8.7302	7.5129	.573**

** 상관은 .01 수준에서 유의미하다(양방향).
* 상관은 .05 수준에서 유의미하다(양방향).

여기서 생각했던 바와 같이 모든 집단에서 인지 영역과 정서 영역 사이에 유의미한 상관관계가 있었다. 이러한 결론을 바탕으로 필자는 이 연구가 새로운 규준을 제시한다고 믿는다.

필자는 또한 이 자료가 과거에 받아들여졌고 가정되었던 규준의 쇠퇴를 반영한다고 믿는다. 여기에 언급된 많은 연구자가 과거의 규준을 만들었을 때에는 TV도 없고 컴퓨터도 없으며 이혼한 가정이 적었고 직장생활을 하는 어머니가 많지 않던 때였다는 점을 상기해 볼 필요가 있다. 우리 사회의 이러한 중요한 변화와 정상 아동의 인지발달과 정서발달 간의 관계를 조사하기 위해 보다 많은 연구가 수행되어야만 한다.

필자는 이 연구에서 검사에 참여한 아동들은 학부모의 동의하에 교사와 학교 상담사에 의해 선정되었음을 다시 한 번 밝힌다. '정상적'이라는 기준은 이 아동들이 각 학년에서 평균 수준으로 기능하고 있다는 뜻이다. 연구에 참여한 아동 중 교실 내 수행을 살펴봤을 때 어떤 학습 문제나 정서적 문제가 있는 것이 아닌지 의심되는 아동은 없었다. 그러나 LECATA의 결과를 보면, 검사에 참여한 330명의 아동 중에 4명의 아동에게서 문제를 발견했고 이렇게 문제가 발견되는 것은 예측 가능한 일이었다. 유치원에 다니는 한 아동은 약간의 뇌 기능 장애가 있음을 시사하는 그림을 그렸다. 이 아동의 선생님과 논의할 때, 그녀도 그 점을 의심하고 있다고 말했다. LECATA의 결과를 감안해 그 선생님은 이제 이 아동의 경과를 따라갈 준비를 더 잘하게 되었다. 2학년 중에서 한 아동이 그린 그림을 보면, 방과 후에 친구들이나 어른 없이 혼자 시간을 보낸다는 것을 알 수 있었다. 그의 인지적 능력은 평균 이상이었지만, 그림에는 환상이 매우 많고 방어는 원시적이었다. 검사회기 동안 필자는 이 아동의 팔에서 팔찌를 보았는데, 그것은 선천적 문제를 알려 주는 의학적 표식이라는 것을 알게 되었다. 이것을 알지 못했던 학교 상담사에게 보고했고, 상담사는 아이에게 미칠 영향에 대해 부모님과 의논할 계획을 세웠다. 3학년 중 한 아동의 그림은 모든 과제에서 연령에 적합했다. 하지만 두 번째 및 다섯 번째 과제의 인물들이 완성되었기는 하지만 이상하게 보였고, 의학적 문제가 있는 것은 아닌지 의심스러웠다. 필자는 이 그림들을 선생님에게 보여 주었고, 필자가 관찰한 바를 공유했다. 그 선생님은 필자가 의심하는 그 '상태'를 알고 있다고 하면서 자신도 그러한 징후를 교실에서 보기 시작했다고 말해 주었다. 그림에서 의학적 문제나 신체적 손상의 징후를 발견하는 것은 드문 일이 아니다. 네 번째 아동은 5학년으로 실제로 학교 상담사가 평가를 의뢰한 적이 있었다. 아동은 첫 번째 과제에서 환상을 그렸는데, 인지 영역에서 평균 이상이었다. 다섯 번째 과제인 가족화에서 인물과 인물들 간의 관계는 마치 다섯 살짜리 아동이 그린 그림과 비슷했다. 이 학생은 똑똑하지만 행동 문제가 있는 것으로 보였고, 직업학교로 전학하도록 추천받은 상태였다. 수행에서의 차이라든가 가족화에 나타난 퇴행을 봤을 때, 필자는 이 아동에게 심리적 검사를 더 해야 한다고 제안하였다. 연구에서 이 4명의 아동의 점수가 포함되었는데, 교사와 학교 상담사들에 의해 이들이 자신의 학년에 맞는 평균 수준으로 기능하고 있는 것으로 평가되었기 때문이다. 이들의 그림은 의도적으로 여기에 싣지 않았으며, 비밀보장을 위해 논의된 내용을 약간 수정했다. 그러나 이 아동들의 그림에 대해 제한적이나마 여기에 언급한 것은, 이전의 제안서에 적었던 것처럼 LECATA가 위험성이 있는 아동을 식별하는 데 효과성이 있다는 점을 간략하게 예시하기 위해서다.

마지막으로, 평가의 전체 과정에 대해 언급해야 할 것이 있다. 평가가 진단으로 이어지고 진단은 꼬리표를 붙이는 것이라고 느끼는 미술치료사들이 많다. 이들은 개인(특히 아동)에게 꼬리표를 붙이는 것이 임상에서 받아들일 수 없는 일이라고 생각한다. 이들과 달리, 다른 사람들의 경우―필자 자신도 포함해서―에는 평가가 진단으로 이어지고 진단은 치료 목표로 이어진다고 본다.

1980년에 필자는 영국의 햄스테드 아동치료 클리닉에서 'art lady'[1]로 6주를 보내는 특별한 기회를 누렸다. 그 기간에 필자는 A. Freud가 진행하는 팀 미팅에 참가하도록 초대받았다. 필자는 A. Freud가 당시에 각 아동에 대해 작성한 '진단 프로필'을 기술한 것을 인용하려고 한다.

> 진단 프로필은 …… 임상가가 아동의 병리에만 집중하는 것에서 벗어나 아동의 발달상 태를 평가하는 것과 전체 성격에 대한 모습에 관심을 가지도록 한다.
> …… 또한 아동과 작업하는 것에 관련해서 진단적 평가는 임상가에게 단순히 지적인 활동 이상의 것이다. 사실 진단적 평가는 치료 방법을 선택하게 하는 유일한 참된 지침이다 (A. Freud, 1971, p. 184).

그때의 경험과 더 많은 것을 배워야 할 필요성은 1986년에 나의 독창적인 연구(Levick, 1983)와 LECATA의 발전을 위한 모델이자 기초로서 역할을 했다.

---

1) 역자주: art lady는 아마도 아동들이 붙여 준 일종의 애칭일 것이다. '미술치료사'나 '미술교사'보다 훨씬 친근한 용어였을 것이라고 생각된다.

　개인의 강점, 약점, 인지적·정서적 기능 수준을 평가하지 않고 아동이든 성인이든 어떤 사람에 대해 미술치료 작업을 고려하는 것은 필자에게는 상상할 수 없는 일이다. 또한 이 연구를 완료하면서 필자는 치료 목표를 설정하는 영역뿐만 아니라 개인이 처한 환경에서 증상이 나타나기 전에 위험성에 처한 아동과 청소년을 식별하는 평가법으로서 미술의 효율성과 효능에 대해 더욱 확신을 가지게 되었다.

参考文献

Alshuler, R. H., & Hattwick, L. W. (1947, rev. 1969). *Painting and Personality*. Chicago: University of Chicago Press.

American Psychiatric Glossary. (1994). *Seventh Edition*. Edited by Jane E. Edgerton, & Robert 1. Campbell III, MD: American Psychiatric Press.

Arnheim, R. (1954, rev. 1974). *Art and Visual Perception*. Berkeley: University of California Press.

Arnheim, R. (1969). *Visual Thinking*. Berkeley: Berkeley University Press.

Baumeister, R. F., & Dale, K. (1998). Freudian defense mechanisms and empirical findings in modern social psychology: Reaction formation, projection, displacement, undoing, isolation, sublimation, and denial. *Journal of Personality, 66*, 1081–1124.

BIos, P. (1979). *The Adolescent Passage*. NY: International University Press.

Brakarsh, I. (1988). *The Child's Family Drawing as a Measure of Stressful Family Environment*. Berkeley, California: unpublished dissertation, California School of Professional Psychology.

Brenner, C. (1974). *Elementary Textbook of Psychoanalysis*. Garden City: Anchor Doubleday Books.

Brenner, C. (1981). Defense and defense mechanisms. *Psychoanalytic Quarterly, 50*, 557–569.

Brooke, S. L. (1996, rev. 2004). *A Therapist's Guide to Art Therapy Assessment*. Springfield, IL: Charles C. Thomas.

Burns, R. C. & Kaufman, S. H. (1972). *Actions, Style and Symbols in Kinetic Family Drawings*. New York: Bruner/Mazel.

Bruner, I. S. (1964). The course of cognitive growth. *American Psychologist*, 1–15.

Bruschia, K. (1988). Standards for clinical assessment in the arts therapies. *The Arts in*

Psychotherapy, 15(1), 5-10.

Cohen, B. M. (1988). The diagnostic drawing series: a systematic approach to art therapy evaluation and research. *The Arts in Psychotherapy, 5*(1), 11-21.

Cohn, V. L. (1996). *Human Attachment.* New York: McGraw Hill.

Coles, R. (1970). *Erick Erikson, The Growth of His Work.* Boston: Little Brown.

Conte, H. R., & Plutchik, R. (Eds.) (1995). *Ego Defenses: Theory and Measurement.* New York: Wiley.

Cooper, S. H. (1989). The theory of defense mechanisms: a comparative view. *Journal of the American Psychoanalytic Association, 37,* 865-892.

Cooper, S. H. (1992). *The Empirical Study of Defensive Processes: A Review.* In: I. W. Barron.

Cramer, P. (1991). *The Development of Defense Mechanisms: Theory, Research, and Assessment.* New York: Springer-Verlag.

Cramer, P. (1997a). Evidence for change in children's use of defense mechanisms. *Journal of Research in Personality, 65,* 233-247.

Cramer, P. (1997b) Identity, personality and defense mechanisms: An observer based study. *Journal of Research in Personality, 31,* 58-77.

Cramer, P. (1998). Coping and defense mechanisms: What's the difference? *Journal of Personality, 66,* 895-899.

Cramer, P. (1999). Ego functions and ego development: Defense mechanisms and intelligence as predictors of ego level. *Journal of Personality, 67,* 735-760.

Cramer, P., & Brilliant, M. A. (in press). Children's use and understanding of defenses. *Journal of Personality.*

Decarie, T. T. (1965). *Intelligence and Affectivity in Early Childhood.* NY: International Universities Press.

Dorpat, T. L. (1993). Review of the Development of Defense Mechanisms: Theory, Research, and Assessment. *Psychoanalytic Books, 4,* 405-407.

DiLeo, G. H. (1970). *Young Children and Their Drawings.* NY: Bruner/Mazel.

DiLeo, G. H. (1973). *Children's Drawings as Diagnostic Aids.* NY: Bruner/Mazel.

Ellin, N., & Nucho, A. O. (1979). The use of kinetic family drawings as a diagnostic aid in assessing the child's self concept. *Art Psychotherapy, 5*(4), 241-247.

Eric Digest. (1998). A glossary of measurement terms. Office of Educational Research and Improvement(OERI). *Department of Education.*

Erikson, S., Feldman, S. S. & Steiner, H. (1997) Defense reactions and coping strategies in normal adolescents. *Child Psychiatry and Human Development, 28,* 45-56.

Feder, B., & Feder, E. (1998). *The Art and Science of Evaluation in the Arts Therapies.*

Springfield, IL: Charles C. Thomas.

Fenichel, O. (1938). Review of the Ego and the Mechanisms of Defense(International Psychoanalytical Library). *International Journal of Psychoanalysis, 19*, 116-116.

Flavell, J. H. (1971). Stage related properties and cognitive development. *Cognitive Psychology, 2*, 421-453.

Freud, A. (1936a). The ego and the mechanisms of defense. *Writings, 2*, 1-176.

Freud, A. (1936b). The mechanisms of defense. *Writings, 2*, 42-53.

Freud, A. (1937). *The Ego and the Mechanisms of Defense* (International Psycho-Analytical Library). London: Hogarth Press.

Freud, A. (1946). *The Ego and the Mechanisms of Defense. American Edition*. NY: International University Press.

Freud, A. (1965). *Normality and Pathology in Childhood: Assessments of Development* (Vol. 6). NY: International Universities Press.

Freud, A. (1966). *Ego and Mechanisms of Defense* (rev. ed.). New York: International Universities Press.

Freud, S. (1957) Repression. In J. Strachey (ed. And Trans.). *The standard edition of the complete works of Sigmund Freud* (Vol.14, pp.141-158). London: Hogarth Press. (Original work published in 1915).

Freud, S. (1959). Inhibitions, symptoms, and anxiety. In J. Strachey (ed. And Trans.). *The standard edition of the complete works of Sigmund Freud* (Vol. 20, pp.77-174). London: Hogarth Press. (Original work published 1936).

Freud, S. (1962). Further remarks on the neuro-psychoses of defense. In J. Strachey (ed. And Trans.) *The standard edition of the complete works of Sigmund Freud* (Vol. 3, pp. 161-185. London: Hogarth Press. (Original work published 1896).

Furth, H. G. (1966). *Thinking Without Language*. NJ: Prentice-Hall.

Gantt, L., & M. Strauss. (974). *Art Therapy-A Bibliography*. National Institute of Mental Health.

Gardner, H. (1973). *The Arts and Human Development*. NY: John Wiley and Sons.

Gardner, H. (1982). *Art, Mind & Brain*. NY: Basic Books, Inc.

Gillett, E. (1987). Defense mechanisms versus defense contents. *International Journal of Psychoanalysis, 68*, 261-270.

Goldman, D. P. (1995). *Emotional Intelligence*. NY: Bantam Books.

Golumb, C. (1974). *Children's Sculpture and Drawing*. Cambridge, MA: Harvard University Press.

Goodenough, F. L. (1926). *Measurement of Intelligence by Drawings*. New York: World Book Co.

Greenspan, S. I. (1979). *Intelligence and Adaptation*. NY: International Universities Press, Inc. 12 3/4.

Halsey, B. (1977). Freud on the nature of art. *The American Journal of Art Therapy, 16*, 99–104.

Hammer, E. F. (1978). *The Clinical Application of Projective Drawing*. Springfield, IL: Charles. C. Thomas.

Hardiman, C. W., & Zernich, T. (1980). Some considerations of Piaget's Cognitive Structuralist Theory and children's artistic development. *Studies in Art Education, 23*, 3.

Hatcher, R. (1994). Review of Ego Mechanisms of Defense: A Guide for Clinicians and Researchers. *International Journal of Psychoanalysis, 75*, 170–172.

Holmes, D. S., & McCaul, K. D. (1989). Laboratory research on defense mechanisms. In R. W. 1 Neufeld (Ed.). *Advances in the investigation of psychological stress* (pp. 161–192). New York: Wiley.

Ihilevich, D. & Gieser, G. (1986). *Defense Mechanisms, Their Classification, Correlate and Measurement with the Defense Mechanism Inventory*. Owosso, MJ: DMJ Associate.

Johnson, D. R. (1988). Introduction to the special issue on assessment in the creative arts therapies. *The Arts in Psychotherapy, 15*(1), 1–3.

Kellogg, R. & O'Dell, S. (1967). *The Psychology of Children's Art*. CRM–Random House Publication.

Kellogg, R. (1969, 1970). *Analyzing Children's Art*. Palo Alto, CA: Mayfield Publishing Co.

Kernberg, P. F. (1994). Mechanisms of defense: development and research perspectives. *Bulletin of the Menninger Clinic*, 585–587.

Kestenberg, G. S. (1975). *Children and Parents: Psychoanalytic Studies in Development*. NY: Jason Aronson.

Klumpner, G. H., & Gedo, I. E. (1976). Conceptual index psychoanalytic terms: psychoanalytic thesaurus. *Journal of the American Psychoanalytic Association*, 24, 409–424.

Kolb, L. C. (1969). *A Psychiatric Glossary*. Washington, D.C.: American Psychiatric Assoc.

Koppitz, E. M. (1968). *Psychological Evaluation of Children's Human Figure Drawings*. NY: Grone and Stratton.

Kramer, E. (1978). *Art Therapy in a Children's Community*. Springfield, IL: Charles C. Thomas.

Kris, E. (1938). Review of The Ego and the Mechanisms of Defense (International Psychoanalytical Library). *International Journal of Psychoanalysis, 19*, 136–146.

Kwiatkowska, H. (1978). *Family Therapy and Evaluation Through Art*. Springfield, Il: Charles C. Thomas.

Levick, M. F. (1967). The goals of the art therapist compared to those of the art teacher. *Journal of Albert Einstein Medical Center, 15*, 157-170.

Levick, M. F. (1973). Family art therapy in the community. *Philadelphia Medicine, 69*, 257-261.

Levick, M. F. (1975). Art in psychotherapy. In I. Masserman (Ed.), *Current Psychotherapies*. NY: Grone and Stratton.

Levick, M. F. (1983). *They Could Not Talk and So They Drew*. Springfield, IL: Charles C. Thomas.

Levick, M. F. (1989). On the road to educating the creative art therapist. *The Arts in Psychotherapy, 16*(1), 57-60.

Levick, M. F. (1994). Perspective: To be or not to be. Art Therapy. *Journal of the American Art Therapy Association, 11*, 97-100.

Levick, M. F. (1997). *See What I'm Saying: What Children Tell Us Through Their Art*. Dubuque, IA: Islewest Publishing. Rev. (2003) Boca Raton, FL: Myra F. Levick, PhD.

Levick, M. F, (2006). Serendipity and Synchronicity. In M. B. Junge, H. Wadeson. *Architects of Art Therapy*. Springfield, IL: Charles C. Thomas.

Levick, M. F., Dulicai, D., Briggs, C., & Billock, I. (1979). The creative arts therapies. In W. Adamson & K. Adamson (Eds.), *A Handbook for Learning Disabilities*. NY: Gardner Press.

Levick, M. F. & Herring, I (1973). Family dynamics: as seen through art therapy. *Art Psychotherapy, 1*, 45-54.

Lichtenberg, J. D., & Slap, I. W. (1973). Concept of splitting: defense mechanisms; representations. *Journal of the American Psychoanalytic Association, 21*, 772-787.

Lidz, T. (1976). *The Person*. NY: Basic Books.

Lowenfeld, V. (1957). *Creative and Mental Growth*. NY: McMillan.

Lowenfeld, V. (1969). The Nature of Creative Activity. In R. Alschuler & L. W. Hattwick (Eds.), *Painting and Personality* (p. 118). Chicago and London: The University of Chicago Press.

Luisebrink, V. (1991). *Images as Defense Mechanisms*. Paper presented at the Annual Conference, American Art Therapy Association.

Machover, K. (1949). *Personality Projection in the Drawing of the Human Figure*. Springfield, IL: Charles C. Thomas.

Machover, K. (1952). Human figure drawings of children. *Journal of Projective Techniques, 17*, 85-91.

Machover, K. (1960). Sex differences in the developmental pattern of children as seen in human figure drawings. In Rabin & Haworth. *Projective Techniques with children*. New

York, NY: Grune and Stratton.

Machover, K. (1978). *Personality Projection in the Drawing of the Human Figure.* Springfield, IL: Charles C. Thomas.

Moore, B. E., & Fine, B. D. (Eds.) (1968). *A Glossary of Psychiatric Terms.* NY: The American Psychoanalytic Association.

Moran, M. (1993). Review of Psychoanalytic Terms and Concepts. *Journal of the American Psychoanalytic Association, 41,* 239-240.

Naumburg, M. (1947). *Studies of Free Art Expression in Behavior of Children as a Means of Diagnosis and Therapy.* NY: Coolidge Foundation.

Noy, P. (1979). The psychoanalytic theory of cognitive development. In J. Solnit, J. Eissler, A. Freud, M. Kris & P. Neubauer (Eds.), *The Psychoanalytic Study of the Child.* New Haven: Yale Universities Press.

Oster, G. D., & Crone, P. Gould. (2004). *Using Drawing in Assessment and Therapy. A Guide for Mental Health Professionals.* New York: Brunner-Routledge.

Paulthus, D. L., Fridhandler, B., & Hayes, S. (1997). Psychological defense: Contemporary theory and research. In R. Hogan, R, I. Johnson & S. Briggs (Eds.), *Handbook of personality* (pp. 544-580). New York: Academic Press.

Perry, I. C., & Cooper, S. H. (1980). An empirical study of defense mechanisms: Clinical interview and life vignette ratings. *Archives of General Psychiatry, 46,* 444-452.

Perry, I. C. & Cooper, S. H. (1992). What do cross-sectional measures of defense mechanisms predict? In G. E. Vailliant (Ed.), *Ego Mechanisms of Defense: A Guide for Clinicians and Researchers* (pp. 195-216).

Piaget, I. (1962). *Play, Dreams and Imitation in Childhood* (C. Gattegno & F. M. Hodgson Trans.). NY: W. W. Norton.

Porcerelli, J. H., Thomas, S., Hibbard, S., & Cogan, R. (1998). Defense mechanisms development in children, adolescents, and later adolescents. *Journal of Personality Assessment, 71,* 411-420.

Rangell, L. (1989). Review of The Analysis of Defense: The Ego and the Mechanisms of Defense Revisited. *Journal of the American Psychoanalytic Association, 37,* 245-251.

Rappaport, D. (1954). The autonomy of the ego. In R. P. Knight & C. R. Friedman (Eds.), *Psychoanalytic Psychiatry and Psychology.* New York: International Universities Press, Inc.

Rockland, L. (1995). Review of Ego Mechanisms of Defense: A Guide for Clinicians & Researchers. *Journal of the American Psychoanalytic Association, 43,* 255-257.

Rosen, H. (1977). *Pathway to Piaget.* Cherry Hill, NJ: Postgraduate International.

Rubin, J. (1978). *Child Art Therapy.* NY: Van Nostrand, Reinhold.

Sandler, J., & Freud, A. (1983a). Discussion: "The ego and the mechanisms of defense". *Journal of the American Psychoanalytic Association, 31*(S), 19-146.

Sandler, J., & Freud, A. (1983b). Discussion: "Ego & mechanisms of defense". *International Journal of Psychoanalysis, 64*, 401-406.

Sandler, J. & Freud, A. (1985). *The Analysis of Defense: The Ego and the Mechanisms of Defense Revisited*. Madison, CT: International Universities Press.

Schlesinger, L. (1988). Review of Defense Mechanisms, Their Classification, Correlates, and Measurement with the Defense Mechanism Inventory. *Psychoanalytic Quarterly, 57,* 459-461.

Siegal, R. S. (1969). What are defense mechanisms? *Journal of the American Psychoanalytic Association, 17,* 785-807.

Silver, R. A. (1978a). *Cognitive Skills Development Through Art Activities*. NY: State Urban Education Project. No. 147232101

Silver, R. A. (1978b). *Developing Cognitive and Creative Skills Through Art*. Baltimore, MD: University Park Press.

Silver, R. A. (1988). *Silver Drawing Test of Cognitive Skills and Adjustment*. Rye, NY: Rawley Silver.

Smedsland, J. (1969). Psychological Diagnostics. *Psychological Bulletin, 3,* 237-248.

Strachey (Ed. and Trans.). *The standard edition of the complete works of Sigmund Freud* (Vol. 3, pp. 161-185). London: Hogarth Press. (Original work published 1896)

Talwar, S. (1992). *A Correlational Study Identifying Normal and Abnormal Development of Cognitive Skills and Defense Mechanisms in Children's Drawings*. A thesis submitted in partial fulfillment of the requirements for the degree of Master of Arts. Edwardsville, IL: University of Illinois.

Vaillant, G. (1992a). *Ego Mechanisms of Defense: A Guide for Clinicians and Researchers*. Washington-London: American Psychiatry.

Vaillant, G. E. (1992b). Origins, potential S. Freud's concept of mechanisms of defense. *International Review of Psychoanalysis, 19,* 35-50.

Vaillant, G. E. (1994). Ego mechanisms of defense and personality psychopathology. *Journal of Abnormal Psychology, 103,* 44-50.

Vaillant, G. E. (1995a). *Adaptation to Life*. Boston: Harvard University Press.

Vaillant, G. E. (1995b). *The Wisdom of the Ego*. NY: Harper and Row.

Wallerstein, R. S. (1983). Defenses, defense mechanisms, and the structure of the mind. *Journal of the American Psychoanalytic. Association, 31*(S), 201-226.

부록: LECATA 시행 매뉴얼

평가 형식

대본

LECATA 채점 체계

보고서 샘플

인지점수 및 정서점수 기록용지 샘플

평가 형식

■ 평가 목적

이 검사는 3세에서 11세 사이의 정상적인 정서 및 인지 발달을 측정한다. *정서 지표는 자아방어기제로 식별한다. 또한 그것은 구체적인 점수로 정상 범위보다 위쪽 혹은 아래쪽에 위치한 편차의 정도를 보여 준다.

> * 문헌에 따르면, 모든 아동은 11세까지 정상적인 성인으로 성숙하는 데 필요한 자아방어기제와 인지 기술을 습득한다고 한다(Levick, 1983 참조). LECATA에는 형식적 조작이 가능한 사람들을 위한 청소년기 이후의 인지 발달이 포함된다(Rosen, 1977 참조).

■ 절차: 다섯 개의 그림 과제

① 자유화 그리고 완성된 이미지에 대한 이야기

② 자화상

③ 단색 난화와 난화로부터 완성한 그림

④ 네가 있고 싶은 장소(3~5세)

　 너에게 중요한 장소(6~11세 이상)

⑥ 가족화

■ 시간: 5개 과제에 대해 약 1시간

임상적 판단에 따라 해당 시간에서 편차가 있을 수 있으며, 평가 보고서의 결과 부분에서 그러한 점을 논의한다.

모든 연령의 개인이 주어진 시간에 검사를 완료하지 못했거나 그리려고 하지 않는 경우, 가까운 장래에 검사를 완료할 수 있도록 계획을 짜야 한다.

■ 재료

크레파스 한 상자(16개 색상), 12″×18″ 크기[1]의 흰 도화지. 연필과 지우개는 요청할 수 있음(요청 시까지 연필이 보이지 않게 한다. 연필을 언제 요청하든지, 크레파스를 연필과 함께 계속 사용하도록 격려해야 한다.)

〈참고〉
이젤을 사용하는 경우, 평가과정 동안 계속 사용하도록 한다. 테이블을 사용하는 경우에도 평가과정 동안 계속 사용하도록 한다. 일관된 구조로 그림 과제를 완료하는 것이 중요하다.

---

1) 역자 주: 12″×18″를 환산하면 30.48×45.72cm다. 이에 가장 가까운 크기는 우리나라 4절 도화지 정도(36.4× 51.2cm)가 된다.

대본

이 대본은 미술치료사가 따라야 할 모델이다. 임상적 판단에 따라 수정할 수 있다. 과제가 어떤 식으로든 수정된 경우, 그 근거와 의미를 평가 보고서의 결과 부분에서 논의하도록 한다.

■ 소개[2]

선생님 이름은 (#)랍니다. 오늘 하는 일은 선생님이 ○○를 더 잘 이해하려고 하는 거예요. ○○는 아마도 이전에 여기서 검사를 받았을 수 있고 더 많은 검사를 받았을 수도 있을 것 같아요. 오늘 ○○가 받는 검사는 일반적인 검사와 비슷하지만, 등급이 있거나 옳고 그른 것이 있지는 않답니다.

크레파스와 이 종이를 사용해서 다섯 장의 그림을 그리는 데 1시간을 사용할 수 있어요. (종이와 크레파스를 보여 준다.) 각각의 그림을 완성할 때마다 종이에 제목을 적어 주세요. ○○가 그림에 대해 이야기하는 동안, 선생님은 ○○가 말하는 것을 적을 거예요.

이에 대해 질문이 있나요? (필요한 경우 답변한다.)

오늘 끝나고 나면, 선생님은 ○○의 이름과 오늘 날짜, 각 그림의 번호를 종이 뒷면에 기입할 거예요.

더 이상 질문이 없으면 시작할게요.

■ 첫 번째 과제

여기 첫 번째 그림을 위한 종이가 있어요.

첫 번째 그림에는 무엇이든 그릴 수 있어요. 다 그렸다고 생각하면 그림에 대해 이야기해 주세요.

---

2) 다음 대본은 구어체이기 때문에 역자가 아동에게 하는 말로 풀어서 번역하면서, 미술치료사가 '나'라는 말 대신 '선생님'이라는 말로 자신을 지칭하도록 옮겼다.

〈참고〉
- 아동이 그림에 대해 이야기하지 않으면 이야기해 달라고 상기시킨다.
- 아동이 이야기를 하지 않거나 할 수 없는 경우, 글로 쓸 수 있는지 물어본다.
- 아동이 "이야기해 주세요."라는 지시를 이해하지 못하면 다음과 같이 질문한다.
  "이 그림은 무엇이니?" 또는 "그림 속에서 어떤 일이 벌어지고 있니?"
- 간략한 묘사만 하는 경우에 아동에게 그 그림에 대해 다른 무엇이라도 얘기할 수 있는지 물어본다.
- 색깔에 대해 이야기하지 않는다면 아동에게 그림에 사용된 색깔에 대해 이야기해 줄 수 있는지 물어본다.
- 제목을 쓰지 않았다면 그림에 제목을 쓰도록 아동에게 상기시킨다.

고마워요. 이 그림에 대해 더 이야기하고 싶은 것이 있나요? 그림에 추가하고 싶거나 바꾸고 싶은 것이 있나요?

〈참고〉
추가되거나 변경된 것이 있으면 다음과 같이 질문을 하도록 한다.
"이것에 대해 이야기해 주고 싶은 것이 있나요?"

■ **두 번째 과제**
여기 두 번째 그림을 위한 새로운 종이가 있어요.
이번에는 자신의 지금 나이로 자기 전체 모습을 그려 주세요.

〈참고〉
- 제목을 쓰지 않았다면 그림에 제목을 쓰도록 아동에게 상기시킨다.
- 막대기 인물을 그린다면, 가능한 한 실제적인 인물을 그리라고 아동에게 알려 준다.

고마워요. 이 그림에 대해 더 이야기하고 싶은 것이 있나요? 그림에 추가하고 싶거나 바꾸고 싶은 것이 있나요?

■ **세 번째 과제**
여기 세 번째 그림을 위한 새로운 종이가 있어요.

이번에는 색깔 하나를 사용해서 자유롭게 선3)을 그려 보세요.

〈참고〉
아동이 지시를 이해하지 못한 것으로 보이면, 검사자가 눈을 감고 공중에서 난화선을 그리는 움직임을 보여 줌으로써 도움을 줄 수 있다.

이제 그려진 선을 보고 그것을 이용해서 뭔가 어떤 것을 그릴 수 있는지 찾아봅니다. 도화지 방향은 어느 쪽이든지 ○○가 좋아하는 방향으로 하세요. 색깔은 크레파스 상자에서 아무 것이나 골라 쓸 수 있습니다.

〈참고〉
• 아동이 난화선에서 이미지를 찾지 못하는 것 같아 보이면, "그려진 선을 활용해서 뭔가를 그려 보세요."라고 말하면서 계속 격려한다.
• 아동에게 완성된 그림의 제목을 붙이도록 상기시킨다.
• 완성하면 아동에게 난화로부터 그린 것이 무엇인지 설명해 달라고 요청한다.

고마워요. 이 그림에 대해 더 이야기하고 싶은 것이 있나요? 그림에 추가하고 싶거나 바꾸고 싶은 것이 있나요?

〈참고〉
추가되거나 변경된 것이 있으면 다음과 같이 질문한다.
"이것에 대해 이야기해 주고 싶은 것이 있나요?"

■ 네 번째 과제
여기 네 번째 그림을 위한 새로운 종이가 있어요.

• 3~5세 아동: ○○가 있고 싶은 장소를 그려 보세요.

---

3) 역자 주: 원문에는 "난화를 그리세요(make a scribble)."라고 되어 있다. 영어 표현으로는 그 말을 알아듣기 어렵지 않지만, 우리나라 말로는 '난화'라는 단어를 풀어서 설명해야 알 수 있다(예: 자유롭게 이리저리 선을 그려 보세요).

• 6~11세 아동: ○○에게 중요한 장소를 그려 보세요.

〈참고〉
• 이 두 가지 주제를 모두 거절한다면, 아동에게 자신이 선택한 장소를 그려도 된다고 강조한다.
• 6~11세 이상 아동인 경우, '중요하다'는 단어의 의미를 아는지 물어본다. 모른다면 설명해 준다.
• 그리기가 끝나면 그 장소가 왜 중요한지 물어본다.
※ 아동에게 완성된 그림의 제목을 붙이도록 상기시킨다.

고마워요. 이 그림에 대해 더 이야기하고 싶은 것이 있나요? 그림에 추가하고 싶거나 바꾸고 싶은 것이 있나요?

〈참고〉
변경된 것이 있으면 다음과 같이 질문한다.
"이것에 대해 이야기하고 싶은 것이 있나요?"

■ 다섯 번째 과제
다음은 다섯 번째이자 마지막 그림을 위한 새로운 종이입니다. 가족을 그려 주세요. 가능하면 자신의 가족이어야 하고, 인물 전체를 그려 주세요.

〈참고〉
• 막대기 인물을 그린다면, 가능한 한 실제적인 인물을 그리라고 아동에게 알려 준다.
• 아동이 "나는 가족이 없어요."라고 말하면 검사자는 아동에게 어떤 가족이든 그리면 된다고 말해 준다.

〈예상되는 질문〉
"동물 가족을 그려도 돼요?"
답변: "아니요." (4세 이상인 경우)

"막대 인물도 되나요?" "얼굴만 그려도 되나요?"
답변: "아니요. 완전한 인물상으로 그려 주세요."

"제 가족을 그려야 해요?"
답변: "네, 그러면 더 좋겠어요."

"어느 가족을 그려요?"
입양 가정인 경우 답변: "○○가 그리고 싶은 가족을 그리세요."

"가족 모두를 포함시켜요?"
답변: "○○가 포함하고 싶은 사람을 포함시키세요."

〈참고〉
• 아동에게 완성된 그림의 제목을 붙이도록 상기시킨다.
• 그림에 아동 자신이 생략된 경우, 자기 자신을 그림 속 어디에 넣고 싶은지 물어본다.
• 또한 다음 질문을 하도록 한다.
  "여기 있는 사람들은 누구이며 몇 살인가요?"

고마워요. 이 그림에 대해 더 이야기하고 싶은 것이 있나요? 그림에 추가하고 싶거나 바꾸고 싶은 것이 있나요?

〈참고〉
변경된 것이 있으면 다음과 같이 질문한다.
"이것에 대해 이야기하고 싶은 것이 있나요?"

■ 종결

오늘 이렇게 작업해 줘서 고마워요. ○○가 준 정보는 매우 도움이 된답니다.

그림에 대해서 무엇이든 더 이야기하고 싶은 것이 있나요? 선생님한테 이야기하는 것이 중요하다고 생각되는 것이 있거나, 선생님이 ○○ 그림에 대해 더 알아야 할 것이 있나요?

이제 다 했습니다. 와 줘서 고마워요.

〈참고〉
• 모든 연령의 개인이 주어진 시간에 검사를 완료하지 못했거나 하려고 하지 않는 경우, 가까운 장래에 검사를 완료할 수 있도록 계획을 짜야 한다.
• 다음에 다시 와야 하는 경우에는 앞의 종결 멘트를 그대로 한 뒤 재방문에 대해 언급하도록 한다.

LECATA 채점 체계

■ 개관

채점 기준은 인지적·미술적·심리성적 발달 순서와 해당 발달시기에 적합한 자아방어기제 간의 상관관계에 근거하며(Levick, 1983), 그림 작품에 나타난 방어의 정의 및 기준(Levick, 1983)에 근거한다.

모든 아동은 일반적으로 생후 18개월에 난화를 그리기 시작한다. 따라서 발달은 순차적·단계적 위계로 정의된다. 그리고 정규곡선을 만드는 생활연령(chronological age)은 반년이다(예: 3세 연령 기준은 2세부터 3세까지를 포함한다. 4세 연령 기준은 3세에서 4세를 포함한다. 동일한 방식으로 11세 이상까지 적용된다).

미술 표현에 기초하여 나이에 적합하고 정서적(처음 나타난 방어기제) 및 인지적 기준이 그림에 나타나면 1점이 부여된다.

각각의 발달 영역은 나타난 지표 중 가장 상위 지표에 대해 개별적으로 채점된다(예: 정서 기준에서 점수가 하나 주어지고, 인지 기준에서 점수가 따로 하나 주어진다).

모든 아동이 같은 속도로 발달하지 않으므로 평균점수는 -.5(낮은 평균), 1(평균) 및 1.5(높은 평균) 등이 된다. -.5보다 낮은 점수는 두 영역(정서 및 인지) 중 하나 혹은 모두에서 평균보다 기능이 떨어진다는 것을 의미한다. 1.5 이상이면 두 영역 중 하나 혹은 모두에서 평균보다 잘 기능한다는 것을 나타낸다.

LECATA는 다섯 개의 특정 그림 과제 시리즈로 구성되었다. 채점용지는 검사자가 각 그림에 나타난 연령 아래에 인지 및 정서 칸에 체크하기만 하면 되도록 만들어졌다. 다섯 개의 그림이 모두 완성되면 검사자는 피검자의 생활연령에 따라 점수를 부여하고 합계를 계산한다.

구체적으로 LECATA에서 정상적인 기능 범위가 -.5에서 1.5 사이일 경우, -1점을 받은 아동은 정상 범위 아래의 편차를 보일 것이다. 점수가 2.0이면 정상 범위보다 기능이 우수함을 나타낸다.

정상 곡선에서 채점하는 이 시스템은 정상 범위보다 위쪽 혹은 아래쪽으로 세 개의 편차를 제공하므로, 이 범위를 벗어나는 항목은 이 척도의 매개 변수가 아니다.

LEVICK 정서 및 인지 미술치료 평가

이름: Anna Marie Carone   생년월일: 1979년 1월 25일

평가 날짜: 1997년 9월 22일   장소: 대학 부속 고등학교

미술치료사: Myra F. Levick, Ph.D., ATR-BC

- 평가 사유: 이 그림검사를 통해 피검자의 기능을 평가하고 미술치료를 하는 데서 가능한 목표와 목적을 결정하기 위한 추가 자료를 얻고자 시행했다.

- 개인력 요지: Anna Marie Carone은 삼 남매 중 둘째로 위로 19살 오빠와 아래로 16살 남동생이 있다. 그녀는 시카고에서 자랐는데, 주로 어머니 슬하에 있었다. 그녀의 부모는 그녀가 3살 때 이혼했다. 그녀가 훨씬 어렸을 때에는 여러 해 동안 형제자매가 모두 아버지와 함께 주말을 보내곤 했다. 그녀는 상당 기간 아버지를 만나지 못하다가 6개월 전에 어머니 및 어머니의 남자 친구와 심하게 언쟁한 끝에 아버지와 아버지의 부인 그리고 10살과 2살 아이들과 살게 되었다. Anna Marie는 이때가 그녀에게나 계모에게나 모두 힘든 시간이었지만, 다른 살 곳이 없었다고 했다. 평가자의 질문에 대한 대답으로 그녀는 어머니와 형제들이 그녀에게 신체적 학대를 가했다고 했다.

그녀는 현재 대학 부속 예술고등학교(피아노 전공)에 재학 중이다. 그녀는 출석률이 좋지 않아 동기들과 함께 졸업하지 못했는데, 여러 차례 수업을 빠졌다고 한다. 그녀는 이번 학년도에 고등학교 졸업장을 취득할 계획이다. 질문을 했을 때, Anna Marie는 마약을 해본 적이 있다고 인정했고, 그때 '무서운 환각 체험'을 했으며 너무 무서워서 다시는 하지 않을 것이라고 말했다. 그녀는 또한 9학년에서 10학년 즈음에 잠시나마 섭식장애(폭식증)가 있었는데, 그것에 관한 글을 읽고는 '끔찍하다'고 깨달아서 그만뒀다고 말했다.

이 젊은 여성은 자신이 매우 재능 있다고 믿고 있으며, 대학 부속 고등학교에 다니는 것이 다행스러운 일이라고 생각한다. 그녀는 자신에게 해결해야 할 심각한 개인적 문제들이 있다는 것을 안다고 했고, 음악 전공팀에서 좀 더 편안하게 느끼고 자신의 위치를 유지하기 위해 치료를 계속할 의향이 있다고 했다. 그녀는 자신의 문제 중 하나

가 친구를 사귀기 어렵다는 것이라는 점을 잘 안다고 했다. 그녀는 고등학생 때 단 한 명의 특별히 친한 친구가 있었고, 아직도 그녀와 연락을 주고받는다고 했다. Anna Marie는 사귀었던 남자 친구가 몇 명 있었지만 현재는 특별한 사람이 없다고 말했다.

- **임상 관찰**: Anna Marie는 어두운 색 머리카락에 올리브색 피부를 가진 젊은 여성으로 보통 정도의 키에 약간 과체중인 상태다. 그녀는 깔끔하고 적절한 복장을 했다. 초기 인터뷰와 평가를 하는 내내 그녀는 가라앉은 상태였고 협조적이었다. 어머니와의 힘들었던 관계에 대해 이야기하면서, 그녀는 몇 번 울 뻔하기도 했다. 하지만 재빨리 회복했고, 몇 번 반복해서 다음과 같이 말했다. "과거에 일어난 일은 중요하지 않아요." "저는 제 인생을 살아야 해요."

- **절차**: LECATA를 시행했다. 약 60분 동안 Anna Marie에게 다섯 가지 그림 작업—자유화와 그 그림에 대한 이야기, 자화상, 하나의 색을 사용한 난화와 난화로부터 생성된 그림, 중요한 장소 그림, 가족화—을 완료하고 각 그림에 제목을 붙이도록 했다. 제공되는 미술 재료는 12″x 18″ 크기의 흰 도화지, 다양한 색깔의 크레파스, 지우개와 연필인데, 연필/지우개는 요청 시 제공된다. 이 평가 과정에서 치료사는 작업 중인 개인을 관찰하고 그림 작품 및 제목에 대해 말해 달라고 요청했다.

- **평가 결과**: LECATA 점수 산정 기준은 인지적 · 미술적 · 심리성적 발달 순서와 해당 발달시기에 적합한 자아방어기제 간의 상관관계에 근거하며(Levick, 1983), 그림 작품에 나타난 방어의 정의 및 기준(Levick, 1983)에 근거한다. 기능 발달 수준을 나타내는 점수는 근사치이며 현 시점에서의 수행을 반영한다.

과제/제목	인지적	정서적
1. 자유화 '나'	$10\frac{1}{2}$ ~11+세 이미지에 특정 스타일이 있음, 고등 수준을 반영	$4\frac{1}{2}$ ~5$\frac{1}{2}$세 격리, 정서격리, 상징화, 취소, 부인
2. 자화상 '잠을 자지 않는 나'	$10\frac{1}{2}$ ~11+세 현실적인 자기 이미지	$10\frac{1}{2}$ ~11+세 공격자와의 동일시
3. 난화와 이미지 '프리미어 랩소디'	$9\frac{1}{2}$ ~10$\frac{1}{2}$세 형태의 추상화	$10\frac{1}{2}$ ~11+세 주지화, 억압, 격리

4. 중요한 장소 'Susan의 데크'	$10\frac{1}{2}$~11+세 모든 이미지가 세부묘사가 있고 정교하게 완성됨	$4\frac{1}{2}$~$5\frac{1}{2}$세 상징화, 정서격리
5. 가족화 '일종의 가족 같지만 가족이 아닌 가족'	$10\frac{1}{2}$~11+세 이미지를 완성했고 세부묘사가 있는데, 만화의 말풍선 같은 것은 인지적으로 세련된 수준을 보여 줌	$6\frac{1}{2}$~$7\frac{1}{2}$세 합리화, 부인, 정서격리

점수에 대한 논의와 해석은 검사 결과에 대한 서면 보고서에 포함된다.

〈참고〉
LECATA에서 얻은 결과는 평가 시점의 피검자의 상대적 강점과 약점만을 반영하며, 즉각적인 투사로 충분하다. 현재 신뢰도와 타당도에 대한 표준화 작업과 테스트가 이뤄지고 있으며 이러한 투사를 위한 과학적 토대를 제공할 것이다.

미술 표현에 근거해서 Anna Marie의 평균 인지점수는 10세 10개월이며, 평균 정서점수는 그녀가 7세 10개월 정도에서 기능하고 있음을 나타낸다. 인지 및 정서 발달을 연구하는 연구자 대부분은 모든 아동이 $10\frac{1}{2}$세에서 11세 사이에 청소년 및 성인의 성숙을 위해 필요한 기술을 습득한다고 결론을 내렸다(Levick, 1983). 따라서 인지적 영역에서 Anna Marie는 이러한 기술을 습득한 것으로 보인다. 하지만 정서발달 영역에서는 잠복기 및 청소년기 이전 수준에 해당하는 대처기제를 사용하고 있다.

이 평가에 나타난바, '점수 범위가 넓다'는 것은 Anna Marie가 연령에 맞는 방어를 사용할 수 있음을 시사하지만, 압박을 받으면 보다 원시적인 대처양식을 사용하는 것으로 퇴행한다는 의미가 된다.

평가 절차를 설명했을 때 Anna Marie는 자신이 미술을 좋아한다면서 사용할 수 있는 재료에 대해서도 좋아했다. 하지만 첫 번째 그림은 이상하고 고립된 모양과 색상으로 그렸고 몸뚱이가 생략되고 머리만 있는 등 파편화된 그림이었다. 검은색으로 그린 얼굴은 자기 자신이고, 노란색으로 그린 얼굴은 그녀의 친구 Susan이라 했는데, 수잔은 자신의 '더 밝은 면'이라 했다. 또 그림에 포함된 것은 태양과 검은 형태의 꽃, 검은색과 빨간색으로 된 이집트식 사랑의 상징 그리고 하늘이다. 그녀는 그 꽃이 자신이 생각하는 아름다움과 같은 것이라고 했지만, 꽃은 모두 흐리게 되어 있었다. 제목은 'Me'라고 했는데, 그 이

유는 그림의 부분 부분이 모두 자신의 일부를 나타내고 있기 때문이라 했다. 그녀는 나중에 높은음자리표를 추가하고 자신이 그렸던 '가장 이상한 그림'이라고 말했다. 양식화된 형태, 완성된 머리와 얼굴의 특징은 그녀의 인지적 능력을 반영하고, 전체가 조직되어 있지 않고 형태가 이상해 보이는 것 등은 자아 경계가 통합되어 있지 않음을 반영한다.

두 번째 과제에서 Anna Marie는 자아방어를 재통합하고 나이에 맞는 자화상을 그렸다. 이 그림에서는 어두운 색의 머리카락을 가진 분명한 여성을 그렸는데, 그 자세는 종이의 아래쪽에 흔들림 없이 서 있으면서 단호한 자세로 엉덩이에 손을 대고 있다.

그녀는 난화선을 그리라는 지시를 따라 그렸고 그 선을 사용해서 추상화된 여러 형태를 만들었다. 그중에는 한때 그녀가 연주했던 드뷔시의 랩소디를 떠올리게 하는 것도 있었고, UFO도 있었고, 그녀가 어렸을 때 가지고 있던 쇼핑카트도 있었다. 이 결합된 과제는 퇴행과 추상적인 능력에서 볼 수 있는 주지화를 불러일으킨다. Anna Marie는 이 과제에서 자신의 생활연령 수준보다 약간 낮은 기능을 보였다.

중요한 장소 그림인 'Susan의 데크'를 그릴 때 그녀는 정서적으로 퇴행한 것처럼 보였다. 그녀는 이 데크가 자신의 친구인 Susan의 데크라고 하면서 자신이 거기에 자주 갔고 그곳에서 친구와 함께 있었던 것을 여전히 그리워한다고 말했다. 인지적으로 보면 형태는 현실적이고 조직화도 연령에 적합하지만, 그림에 나타난 방어는 6세 수준이다.

최종 과제인 가족화에서 Anna Marie는 다시금 그녀의 인지 수준을 유지했다. 이 과제가 어려웠겠지만, 그녀는 바로 전처럼 퇴행하지 않았다. 그녀는 어머니를 먼저 그린 다음, 어머니가 얼마나 아름다운지를 묘사했다. 다음은 아버지였고, 그녀의 오빠가 그다음이었다. 남동생은 도화지 왼쪽 하단 구석에 그렸는데, 동생이 항상 '밀려났기' 때문에 종이에서도 거기에 있는 것이고, 모습이 완성되지 않았다고 말했다. 검사자가 그림 속에 Anna Marie가 없다는 사실을 언급하자 그녀는 자신을 그렸는데, 어머니처럼 검은 옷을 입은 채 남동생 위에 떠 있는 모습으로 그렸고 '부모로부터 떨어져 있다'고 말했다. 그녀는 모든 인물의 발을 일부러 그리지 않았고, '그들이 안정적이지 않아서' 그렇게 했다고 말했다. 이 그림을 완성한 후에 그녀는 다시 돌아가서 자신을 제외한 모든 사람의 머리 위에 만화식의 말풍선을 추가하여 그 사람들이 항상 생각하는 것을 묘사했다. 어머니 위에는 어머니의 남자 친구 Tony를, 아버지 위에는 돈을, 오빠 John 위에는 성관계를, 남동생 Andy 위에는 물음표를 적었다. 그녀가 붙인 제목은 그들이 진정한 가족이 아니라는 것을 합리화하는 것이다.

LECATA의 점수는 Anna Marie가 나이에 적합한 수준에서 인지적으로 기능할 수 있다는 것을 나타낸다. 정서적인 면에서 볼 때 그녀는 다양한 상황에서 사용할 수 있는 다양한 정상 범위의 방어들이 있는 것으로 보인다. 하지만 압박을 받으면 계속 퇴행해서 격리, 정서격리, 부분적 부인 및 동일시를 사용한다. 이는 그녀가 원하는 것을 자유롭게 그릴 수 있었던 첫 번째 과제에서 명백했고, 중요한 장소를 그렸던 네 번째 과제와 가족화를 그린 다섯 번째 과제에서도 나타났다. 10대 청소년이 기복을 보이거나 서로 다른 상황에서 다양한 방어를 사용하는 것은 이상한 일이 아니지만, 이러한 과제에서 퇴행의 정도는 중요한 의미를 지닌다.

Anna Marie가 제공한 정보를 살펴보면, 그녀는 외상적이고 신체적 학대를 당한 어린 시절을 보낸 것으로 보인다. 말로 부정하긴 했지만, 어머니가 거부했던 것이 그녀에게 매우 고통스러웠고 이를 보상해야 할 필요가 있었던 것으로 보이며, 이는 가족화에서 옷 색깔과 위치를 어머니와 동일시하는 것으로 나타난다. 또한 그녀는 아버지와 어머니 그리고 오빠를 공격자로 보고, 그들의 지지가 없는 것에 대처하기 위해 그들의 공격적인 면과 동일시한다. 그림검사에서 나타난 또 다른 점은 방향이나 외부 경계를 봤을 때 Anna Marie가 그러한 경계가 없을 때보다 있을 때 훨씬 잘 기능한다는 점이다. 그녀는 자기 자신만 그리라고 요청했을 때 어느 정도의 자아강도를 보였는데, 다른 사람과 연결해서 그리라고 요청했을 때에는 그러한 자아강도를 보이지 못했다. 이렇게 다른 사람들과 연결하지 못하는 어려움은 격리와 부적절한 행동화를 초래했다.

• 권장 사항: 개인력과 검사결과를 종합하면 Anna Marie는 미술치료를 통해 크게 도움을 받을 것이라고 예상된다. 그녀가 대학 부속 고등학교에 계속 다닌다면, 매주 지지적인 현실지향 치료를 받는 것이 권장된다. 현재 그녀에게 가장 필요한 것은 내적 경계를 수립하도록 돕는 것과 보다 적절한 사회기술을 배우는 것이다. 본 임상가는 Anna Marie가 언젠가는 자신의 어린 시절 외상을 탐색하고 작업하는 집중적인 치료 경험을 잘해낼 것이라고 믿는다.

추가적으로 다음 사항을 추천한다.

1. 가족 문제 해결을 돕는 가족 치료
2. Anna Marie가 자신의 감정과 문제를 배출하고 명료화하고 작업할 수 있도록 돕는 개인 심리치료, 집단치료, 미술치료

Anna Marie Carone의 LECATA 첫 번째 과제

Anna Marie Carone의 LECATA 두 번째 과제

Anna Marie Carone의 LECATA 세 번째 과제

Anna Marie Carone의 LECATA 네 번째 과제

Anna Marie Carone의 LECATA 다섯 번째 과제

인지점수 및 정서점수 기록용지 샘플

자유화와 이야기

첫 번째 과제 연령	인지적 기준	정서적 기준
$2\frac{1}{2}\sim3\frac{1}{2}$	□ 난화 □ 적어도 하나의 알아볼 수 있는 형태 □ 형태에 이름을 붙임 □ 형태 속에 형태가 있음 □ 이야기에서 형태 관계가 적어도 하나 이상 나타남	□ 합일화 □ 퇴행 □ 취소 □ 역전 □ 부인
$3\frac{1}{2}\sim4\frac{1}{2}$	□ 둘 이상의 알아볼 수 있는 형태 □ 이야기를 원시적이거나 마술적으로 연결	□ 회피 □ 모방
$4\frac{1}{2}\sim5\frac{1}{2}$	□ 이야기가 있다면 부분적으로 현실이거나 부분적으로 환상 □ 자유로운 형태 및 알아볼 수 있는 형태가 균형 잡혀 있음 □ 적어도 하나의 인식할 수 있는 대상이 있음	□ 상징화 □ 격리 □ 정서격리
$5\frac{1}{2}\sim6\frac{1}{2}$	□ 인물이 그려졌다면, 성별 차이가 나타남 □ 공간 조직화 □ 둘 이상의 인식할 수 있는 대상	□ 동일시 흔적
$6\frac{1}{2}\sim7\frac{1}{2}$	□ 현실적 비율의 시작 □ 대상들 간 현실적 관계의 시작 □ 이미지에서 움직임이 나타남 □ 이야기에서 순서가 나타남-사실이든 공상이든 □ 인물이 그려졌다면 성별이 완전함 □ 지시를 구체적으로 따라 함	□ 동일시 □ 억압 □ 전위* □ 반동형성의 시작* □ 합리화의 시작* * 알려진 정보가 있거나 관련된 언급을 함
$7\frac{1}{2}\sim8\frac{1}{2}$	□ 이미지는 친구, 학교, TV, 영화, 스포츠 등과 관련이 있음 □ 대상들 간 현실적인 관계 □ 현실적인 비율 □ 조망시점의 시작 □ 적어도 하나의 대상은 종이 하단 혹은 선 위에 서 있음 □ 이야기 순서가 응집력 있음-사실이든 공상이든	□ 반동형성 □ 합리화 □ 내사
$8\frac{1}{2}\sim9\frac{1}{2}$	□ 현실이든 공상이든 명백한 스토리라인 □ 세부묘사가 정교해지기 시작 □ 둘 이상의 대상이 종이 하단 혹은 선 위에 서 있음	□ 새로운 방어가 나타 나지 않음
$9\frac{1}{2}\sim10\frac{1}{2}$	□ 이미지에서 완전한 그림 순서가 나타남 □ 정교한 세부묘사	□ 새로운 방어가 나타 나지 않음
$10\frac{1}{2}\sim11+$	□ 정교한 이미지와 이야기 □ 현실적인 성숙한 인물	□ 주지화의 시작* * 알려진 정보가 있거나 관련된 언급을 함
최고수준	_____인지적	_____정서적

* 채점 기록용지 샘플은 학지사 홈페이지(www.hakjisa.co.kr)에서 다운로드할 수 있다.

자화상

두 번째 과제 / 연령	인지적 기준	정서적 기준
$2\frac{1}{2} \sim 3\frac{1}{2}$	☐ 난화 ☐ 형태 속에 형태가 있음 ☐ 형태들을 연결하려는 시도 ☐ 신체 부분을 그리려는 시도 ☐ 신체 부분에 이름을 붙이려는 시도	☐ 합일화 ☐ 퇴행 ☐ 취소 ☐ 역전 ☐ 부인
$3\frac{1}{2} \sim 4\frac{1}{2}$	☐ 원시적인 인물상 ☐ 비율이 맞지 않는 신체 부위	☐ 회피 ☐ 모방
$4\frac{1}{2} \sim 5\frac{1}{2}$	☐ 거의 모든 신체부위가 그려짐	☐ 상징화 ☐ 정서격리
$5\frac{1}{2} \sim 6\frac{1}{2}$	☐ 성별 차이가 나타남 ☐ 어떤 신체 부위는 다른 부위보다 현실적임	☐ 동일시 흔적
$6\frac{1}{2} \sim 7\frac{1}{2}$	☐ 세부묘사의 시작 ☐ 성별이 완전함 ☐ 인물이 잘 정의되어 있음	☐ 동일시 ☐ 억압 ☐ 전위* ☐ 반동형성의 시작* ☐ 합리화의 시작* * 알려진 정보가 있거나 관련된 언급을 함
$7\frac{1}{2} \sim 8\frac{1}{2}$	☐ 모든 부분에서 세부묘사 ☐ 적어도 하나의 대상은 종이 하단 혹은 선 위에 서 있음	☐ 반동형성 ☐ 합리화 ☐ 내사
$8\frac{1}{2} \sim 9\frac{1}{2}$	☐ 세부묘사를 정교하게 하기 시작함 ☐ 정교한 특징 및 신체 ☐ 현실적인 비율 ☐ 하나 이상의 대상이 종이 하단 혹은 선 위에 서 있음	☐ 새로운 방어가 나타 나지 않음
$9\frac{1}{2} \sim 10\frac{1}{2}$	☐ 정교한 세부묘사	☐ 새로운 방어가 나타 나지 않음
$10\frac{1}{2} \sim 11+$	☐ 현실적인 성숙한 인물	☐ 주지화의 시작* * 알려진 정보가 있거나 관련된 언급을 함
최고수준	_____인지적	_____정서적

난화와 이미지

세 번째 과제 / 연령	인지적 기준	정서적 기준
$2\frac{1}{2} \sim 3\frac{1}{2}$	□ 난화선을 그리고 나서 그 위에 선이나 형태를 덧붙임 □ 지시를 이해하지 못했을 수 있음	□ 합일화 □ 퇴행 □ 취소 □ 역전 □ 부인
$3\frac{1}{2} \sim 4\frac{1}{2}$	□ 난화선 위에 형태를 그림	□ 회피 □ 모방
$4\frac{1}{2} \sim 5\frac{1}{2}$	□ 난화선을 사용해서 형태 안에 형태를 만들려고 노력함	□ 상징화 □ 격리 □ 정서격리
$5\frac{1}{2} \sim 6\frac{1}{2}$	□ 난화에 형태를 더 그리고 이름을 붙임(형태는 인식할 수 없을 수도 있음)	□ 동일시 흔적
$6\frac{1}{2} \sim 7\frac{1}{2}$	□ 인식할 수 있는 난화 형태를 그리고 이름을 붙임 □ 세부묘사의 시작	□ 동일시 □ 억압 □ 전위* □ 반동형성의 시작* □ 합리화의 시작* * 알려진 정보가 있거나 관련된 언급을 함
$7\frac{1}{2} \sim 8\frac{1}{2}$	□ 세부묘사는 환경에 연결되는 것을 반영함	□ 반동형성 □ 합리화 □ 내사
$8\frac{1}{2} \sim 9\frac{1}{2}$	□ 정교한 세부묘사 □ 계획한 이미지가 난화 전체 혹은 부분에서 나타남	□ 새로운 방어가 나타나지 않음
$9\frac{1}{2} \sim 10\frac{1}{2}$	□ 완성된 이미지가 난화 전체 혹은 부분에서 나타남	□ 새로운 방어가 나타나지 않음
$10\frac{1}{2} \sim 11+$	□ 이미지의 정교함 □ 의도적, 창의적, 창조적	□ 주지화의 시작* * 알려진 정보가 있거나 관련된 언급을 함
최고수준	_____인지적	_____정서적

중요한 장소

네 번째 과제 연령	인지적 기준	정서적 기준
$2\frac{1}{2} \sim 3\frac{1}{2}$	□ 난화 □ 형태 속에 형태가 있음 □ 적어도 하나의 인식할 수 있는 형태 □ 형태에 이름을 붙임 □ 적어도 하나의 형태 관계를 나타내는 언급	□ 합일화 □ 퇴행 □ 취소 □ 역전 □ 부인
$3\frac{1}{2} \sim 4\frac{1}{2}$	□ 둘 이상의 인식할 수 있는 형태 □ 이야기를 원시적이거나 마술적으로 연결	□ 회피 □ 모방
$4\frac{1}{2} \sim 5\frac{1}{2}$	□ 이야기가 있다면 부분적으로 현실이거나 부분적으로 환상 □ 자유로운 형태 및 알아볼 수 있는 형태가 균형 잡혀 있음 □ 적어도 하나의 인식할 수 있는 대상이 있음	□ 상징화 □ 격리 □ 정서격리
$5\frac{1}{2} \sim 6\frac{1}{2}$	□ 인물이 그려졌다면, 성별 차이가 나타남 □ 공간 조직화 □ 둘 이상의 인식할 수 있는 대상	□ 동일시 흔적
$6\frac{1}{2} \sim 7\frac{1}{2}$	□ 현실적인 비율의 시작 □ 대상들 간 현실적 관계의 시작 □ 이미지에서 움직임이 나타남 □ 이야기에서 순서가 나타남-사실이든 공상이든 □ 인물이 그려졌다면 성별이 완전함 □ 지시를 구체적으로 따라 함	□ 동일시 □ 억압 □ 전위* □ 반동형성의 시작* □ 합리화의 시작* * 알려진 정보가 있거나 　관련된 언급을 함
$7\frac{1}{2} \sim 8\frac{1}{2}$	□ 이미지는 친구, 학교, TV, 영화, 스포츠 등과 관련이 있음 □ 대상들 간 현실적인 관계 □ 현실적인 비율 □ 조망시점의 시작 □ 적어도 하나의 대상은 종이 하단 혹은 선 위에 서 있음 □ 이야기 순서가 응집력 있음-사실이든 공상이든	□ 반동형성 □ 합리화 □ 내사
$8\frac{1}{2} \sim 9\frac{1}{2}$	□ 현실이든 공상이든 명백한 스토리라인 □ 세부묘사가 정교해지기 시작 □ 둘 이상의 대상이 종이 하단 혹은 선 위에 서 있음	□ 새로운 방어가 나 　타나지 않음
$9\frac{1}{2} \sim 10\frac{1}{2}$	□ 이미지에서 완전한 그림 순서가 나타남 □ 정교한 세부묘사	□ 새로운 방어가 나 　타나지 않음
$10\frac{1}{2} \sim 11+$	□ 정교한 이미지와 이야기 □ 성숙한 인물과 대상	□ 주지화의 시작* * 알려진 정보가 있거나 　관련된 언급을 함
최고수준	＿＿＿＿＿＿인지적	＿＿＿＿＿정서적

가족화

다섯 번째 과제 연령	인지적 기준	정서적 기준
$2\frac{1}{2} \sim 3\frac{1}{2}$	☐ 난화 ☐ 적어도 하나의 인식할 수 있는 형태 ☐ 형태 속에 형태가 있음 ☐ 적어도 하나의 형태 관계를 나타내는 언급 ☐ 과제를 이해했지만, 동물 가족을 그림 ☐ 아동이 가족 구성원을 그리는 도중에 구성원이 바뀜	☐ 합일화 ☐ 퇴행 ☐ 취소 ☐ 역전 ☐ 부인
$3\frac{1}{2} \sim 4\frac{1}{2}$	☐ 둘 이상의 인식할 수 있는 형태 ☐ 이야기를 원시적이거나 마술적으로 연결	☐ 회피 ☐ 모방
$4\frac{1}{2} \sim 5\frac{1}{2}$	☐ 이야기가 있다면 부분적으로 현실이거나 부분적으로 환상 ☐ 자유로운 형태 및 알아볼 수 있는 형태가 균형 잡혀 있음 ☐ 적어도 하나의 인식할 수 있는 대상이 있음 ☐ 인물이 원시적임	☐ 상징화 ☐ 격리 ☐ 정서격리
$5\frac{1}{2} \sim 6\frac{1}{2}$	☐ 성별 차이가 나타남 ☐ 공간 조직화 ☐ 둘 이상의 인식할 수 있는 대상 ☐ 어떤 신체 부위는 다른 부위보다 현실적임	☐ 동일시 흔적
$6\frac{1}{2} \sim 7\frac{1}{2}$	☐ 인물이 잘 정의되어 있음 ☐ 인물들 간 현실적 관계의 시작 ☐ 이미지에서 움직임이 나타남 ☐ 이야기에서 순서가 나타남-사실이든 공상이든 ☐ 인물의 성별이 완전함 ☐ 가족은 사람이라야 하며, 정면을 향하고 있을 수 있고 서로 연결되거나 관계되어 있지 않음	☐ 동일시 ☐ 억압 ☐ 전위* ☐ 반동형성의 시작* ☐ 합리화의 시작* * 알려진 정보가 있거나 관련된 언급을 함
$7\frac{1}{2} \sim 8\frac{1}{2}$	☐ 모든 부분에서 세부묘사 ☐ 적어도 하나의 대상은 종이 하단 혹은 선 위에 서 있음 ☐ 이야기 순서가 응집력 있음-사실이든 공상이든 ☐ 조망시점의 시작 ☐ 인물들 간 현실적인 관계 ☐ 현실적인 비율	☐ 반동형성 ☐ 합리화 ☐ 내사
$8\frac{1}{2} \sim 9\frac{1}{2}$	☐ 세부묘사를 정교하게 하기 시작함 ☐ 이야기 순서가 응집력 있고 이미지에 관련되어 있음 ☐ 둘 이상의 대상이 종이 하단이나 선 위에 서 있음	☐ 새로운 방어가 나타나지 않음
$9\frac{1}{2} \sim 10\frac{1}{2}$	☐ 정교한 세부묘사 ☐ 이미지에서 완전한 그림 순서가 나타남	☐ 새로운 방어가 나타나지 않음
$10\frac{1}{2} \sim 11+$	☐ 정교한 이미지와 이야기 ☐ 현실적인 성숙한 인물	☐ 주지화의 시작* * 알려진 정보가 있거나 관련된 언급을 함
최고수준	_____인지적	_____정서적

Levick 정서 및 인지 미술치료 평가 채점 작업용지

이름: _____ 나이: _____

과제 번호	최고 인지 수준	최고 정서 수준
1		
2		
3		
4		
5		
소계		

인지기준 및 정서기준에 대해 각 과제에서 획득한 점수를 모두 더한다. 그 합계를 실시된 과제의 숫자인 5로 나누어 평균점수를 구한다.

_____ ÷ _5_ = _____ 평균 인지 수준: _____세 _____개월	_____ ÷ _5_ = _____ 평균 정서 수준: _____세 _____개월

채점 환산표

나이에 해당하는 점수를 구하려면 처음에 계산한 것을 변환해야 하는데, 10진법 대신 ○세 ○개월로 점수를 보고하려면 10자리 기반에서 12자리 기반으로 바꾸어야 한다.

점수가 다음과 같이 나왔다면	다음과 같이 결과를 변환한다.
.0	0개월
.2	2개월
.4	5개월
.6	7개월
.8	10개월

찾아보기

[인명]

Freud, A. 19, 30, 146
Freud, S. 37

Goodenough, F. L. 18

Hammer, E. F. 18

Kellogg, R. 24, 146
Koppitz, E. M. 18
Kwiatkowska, H. 26

Lowenfeld, V. 18, 26, 146

Machover, K. 18

Piaget, I. 18, 24, 30, 37, 146

[내용]

가족화 27, 48, 56, 57, 70, 71,
    84, 85, 98, 99, 112, 113,
    126, 127, 140, 141, 149,
    160
격리 21

구체적 조작기 23

난화 27, 30, 52, 53, 66, 67,
    80, 81, 94, 95, 108, 109,
    122, 123, 136, 137, 160
내사 22, 33

동일시 21, 33

모방 20
물활론 23

반동형성 21, 33
발달지표 27
방어 32
방어기제 19
부인 20

상징화 20
생활연령 30, 144, 167, 171
신뢰도 39, 146

억압 21
역전 20
오이디푸스기 22
인공론 23
인지발달 18

자아방어기제 18
자유화 26, 49, 62, 63, 76,
    77, 90, 91, 104, 105, 118,
    119, 132, 133, 160
자화상 50, 51, 64, 65, 78,
    79, 92, 93, 106, 107, 120,
    121, 134, 135, 160
잠복기 23, 33
전위 21, 33
전조작기 22
정서격리 21
정서발달 18
주지화 22, 33
중요한 장소 54, 55, 68, 69,
    82, 83, 96, 97, 110, 111,
    124, 125, 138, 139

취소 20

타당도 37, 146
퇴행 20, 30
투사 20, 33

합리화 21, 33
항문기 22
회피 20

| 저자 소개 |

Myra F. Levick

심리학자이자 미술치료 전문가(ATR-BC)다. 미술치료 교육 분야의 선구자로서 1967년에 미술치료 대학원 석사과정을 처음으로 설립하고 지도했다. 1976년에는 해당 대학원 과정에 무용/동작치료와 음악치료 전공을 신설했다. 펜실베이니아주 필라델피아에 소재한 드렉셀-하네만 대학교(예전 하네만 대학교)에서 전임 교수로 재직하면서 1986년에 은퇴하기까지 세 개의 전공 프로그램을 이끌고 지도했다. Levick 박사는 미국 미술치료협회의 설립자이자 초대 회장이며, 국제적인 전문 학술지인 『The Arts in Psychotherapy』의 편집위원장을 역임했다.

Levick 박사는 미술치료 분야에서 인정받는 전문가이며, 특히 아동과 성인의 그림에서 발달지표로서의 인지적 · 정서적 지표를 식별하는 기준을 개발한 것으로 널리 알려졌다. Levick 박사는 Anna Freud가 이끄는 영국 햄스테드 아동치료 클리닉(Hampstead Child-Therapy Clinic)에서 자신의 연구년 기간 중 일부를 보냈으며, 그 경험을 바탕으로 이후 『그들은 말할 수 없었고, 그래서 그렸다: 아동의 사고와 대처양식(They could not talk and so they drew: Children's styles of coping and thinking)』(1983)을 저술했다. 그리고 그 책은 『레빅 정서 및 인지 미술치료 평가(Levick emotional and cognitive art therapy assessment: A normative study)』(1989, 개정판 2001)의 근간이 되었다. Levick 박사는 지난 20년간 이 그림검사법을 사용해서 검사하고 가르쳤으며, 이후 팜비치 카운티 공립학교에서 표준화 연구를 시행했다. 이 책에서는 LECATA의 개발과 표준화 연구, 연구 결과 및 시사점을 심도 있게 다루고 있다. 이러한 결과들은 이 평가법의 효능을 입증하는 것이며, 정신건강 분야 전문가들로 하여금 이전에 규명된 기준과 발달에 영향을 미치는 우리 사회의 변화를 조사하도록 촉구하고 있다.

Levick 박사는 현재 남편과 함께 플로리다에 거주하고 있으며, 사우스플로리다 미술심리치료 학교(South Florida Art Psychotherapy Institute)의 교장으로서 평가와 자문, 지도감독을 제공하고 있다. 그녀는 여러 권의 책과 다수의 논문을 저술했으며 미국 및 해외 여러 나라에서 강연자로 초청받았다.

| 역자 소개 |

주리애(Juliet Jue)

미술치료 전문가(ATR-BC)이자 아마추어 화가이며, 한양사이버대학교 미술치료학과 교수다. 'Art as therapy'와 '생명에 대한 시선, Life on Earth' '색즉소울'이라는 제목으로 세 번의 개인전을 열었다. 2013년과 2014년에 SSCI 학술지에 주 저자로 두 편의 논문을 게재하고, 2017년에 단독 저자로 SSCI에 논문을 게재했다. 2015년과 2016년에 Marquis Who's Who의 인명사전에 등재되었고, 2016년 영국 케임브리지 국제인명센터(International Biographical Centre: IBC)의 인명사전에도 등재되었다. 저서로는 『색즉소울: 색채심리 안내서』(학지사, 2017), 『미술심리진단 및 평가』(학지사, 2015), 『미술치료 요리책: 요리처럼 배우는 미술치료 레시피 130』(2판, 아트북스, 2014), 『청소년을 위한 미술치료: 사례를 통해 알아보는 미술치료 이론과 기법』(공저, 아트북스, 2014), 『미술치료학』(학지사, 2010) 등이 있다.

이메일: julietjue@naver.com

레빅 정서 및 인지 미술치료 평가
Levick Emotional and Cognitive Art Therapy Assessment: A Normative Study

2018년 1월 20일 1판 1쇄 인쇄
2018년 1월 25일 1판 1쇄 발행

지은이 • Myra F. Levick
옮긴이 • 주리애
펴낸이 • 김진환
펴낸곳 • (주) **학지사**
　　　　　04031 서울특별시 마포구 양화로 15길 20 마인드월드빌딩
대표전화 • 02)330-5114　　　팩스 • 02)324-2345
등록번호 • 제313-2006-000265호

홈페이지 • http://www.hakjisa.co.kr
페이스북 • https://www.facebook.com/hakjisa

ISBN 978-89-997-1436-8 93180

정가 17,000원

이 도서의 국립중앙도서관 출판시도서목록(CIP)은 서지정보유통지
원시스템 홈페이지(http://seoji.nl.go.kr)와 국가자료공동목록시스템
(http://www.nl.go.kr/kolisnet)에서 이용하실 수 있습니다.
(CIP 제어번호: CIP2017031525)

교육문화출판미디어그룹 **학지사**

심리검사연구소 **인싸이트** www.inpsyt.co.kr
원격교육연수원 **카운피아** www.counpia.com
학술논문서비스 **뉴논문** www.newnonmun.com
간호보건의학출판 **정담미디어** www.jdmpub.com